日本の社会教育第64集

「学習の自由」と社会教育

日本社会教育学会編

（2020）

まえがき

　本年報『「学習の自由」と社会教育』は，2014年6月のさいたま市三橋公民館でおこったいわゆる「九条俳句不掲載事件」を直接的な契機としつつ，第63回研究大会総会（2016年9月，弘前大学）でプロジェクト研究として採択されて以降，第66回研究大会（2019年9月，早稲田大学）までの3年間にわたる研究を軸にまとめられたものである。詳しい研究活動経過については「あとがき」を参照していただきたいが，ここでは，本年報を捉える視点を三点提示して「まえがき」にかえることにしたい。

　第一の視点は，「『学習の自由』と社会教育」研究を学会における研究史に位置付けてみるという視点である。

　日本社会教育学会が1954年10月に設立されて今年で66年を迎える。その第1回研究大会（早稲田大学）でのシンポジウムのテーマは「社会教育における政治的中立」であった（『日本社会教育学会60周年記念資料集』東洋館出版社，2013年）。そこには，戦前社会教育への深い反省にたって出発したはずの戦後社会教育の現実をめぐる学会の問題意識が反映されているように思われる。憲法・教育基本法をうけて1949年に制定された社会教育法は「社会教育の自由の獲得のために」（寺中作雄『社会教育法解説』序，1949年）生まれたとされるが，アメリカの世界戦略を背景にした占領政策の転換のもとで進行する政治的社会的状況下において，1953年の青年学級振興法の制定，そして1959年のいわゆる社会教育法「大改正」のなかで「社会教育の自由」は大きな歴史的試練に見舞われる。社会教育に対する上からの統制を危惧して学会に設置された特別委員会による報告（1958年10月）は各界に大きな影響を与えたとされるが，その「法改正」問題を背景に編集された年報第4集『社会教育行政の理論』（1959年）の巻頭論文は，五十嵐顕による「社会教育と国家―教育認識の問題として」であった。五十嵐は「社会教育において国家権力は『おとな』の現実的な社会関係の意識に働きかけるのであり，これが社会教育における国家政策の中心的な関心になっている」と喝破している。この文脈において常に「社会教育の自由」と「学習の自由」が問われ続けたのが戦後社会教育の現実であり，社会教育法「改正」の歴史でもあっ

た。年報第5集『社会教育と教育権』（1960年）において「教育権」がはじめて登場する。憲法上の「教育を受ける権利」をふまえた社会教育における権利論的アプローチが歴史の現実的進行のもとで自覚化されてきたのだとも言えよう。

　これまでの60年を超える膨大な学会における研究蓄積のなかで，「学習の自由」と「学習権」に関わる法制研究や権利論研究は，たとえば学会年報に加えて，特別年報『現代社会教育の創造―社会教育研究の30年の成果と課題』（1988年），学会創立50周年記念として編集された『講座　現代社会教育の理論Ⅰ　現代社会教育改革と社会教育』『同Ⅱ　現代的人権と社会教育の価値』，『同Ⅲ　成人の学習と生涯学習の組織化』（2004年），そして『現代公民館の創造―公民館50年の歩みと展望』（2009年）などにおいて蓄積されてきた。そして「九条俳句訴訟」において最高裁の原告・被告双方の上告棄却によって確定した「不掲載は違法」とした東京高裁判決（2018年5月18日）が，憲法上の権利として「大人の学習権」を認めるという戦後社会教育史の画期となったこの時に本年報が編集されたことの意義をあらためて確認したい。

　第二は，2000年代以降，とりわけ2006年の教育基本法「全部改正」以降の社会教育政策が国家政策あるいは国家戦略に従属する形で展開され，そのもとで「学習の自由」「学習権」をめぐる新たな課題が生まれてきているという視点である。

　本プロジェクト研究が展開されている時期においても，「社会教育主事講習等規程」改正（2018年2月28日公布，2020年4月1日施行）による「科目」の廃止・新設，講習における習得単位数の減少，「社会教育士」規定が新設され，また，文部科学省組織再編による生涯学習政策局・社会教育課の廃止と総合教育政策局・地域学習推進課の新設（2018年10月），公立社会教育施設の首長部局移管を可能にした第9次地方分権一括法（2019年6月7日公布）等，戦後社会教育法制と社会教育行政を大きく転換させる政策が矢継ぎ早に展開された。特に「第9次地方分権一括法」では，「文化・観光振興や地域コミュニティの持続的発展等に資する」（2019年3月8日の「第九次地方分権一括法案」に関する「閣議決定」）という理由で地方教育行政法・社会教育法・図書館法・博物館法が「改正」され，首長部局移管が可能と

なった。戦後，公選制教育委員会制度を定めた教育委員会法第1条は「この法律は，教育が不当な支配に服することなく，国民全体に対し直接に責任を負って行われるべきであるという自覚のもとに公正な民意により，地方の実情に即した教育行政を行うために，教育委員会を設け，教育本来の目的を達成することを目的とする」とした。私たちはあらためて戦後どのような理念をもって教育委員会制度が発足したのかについて思いを寄せる必要があるのではないか，と考える。

そして第三は，本年報の編集内容上の特徴についてである。

当初，広く会員に呼びかけた時の構成は，第Ⅰ部：「学習の自由」と社会教育―その原理的探究，第Ⅱ部：社会教育施設と「学習の自由」，第Ⅲ部：九条俳句訴訟と学習権，そして第Ⅳ部：「学習の自由」と社会教育をめぐる多様なアプローチ，であったが，公募状況から第Ⅳ部をカットして各論文の構成上の工夫をして三部構成とした。特に，第Ⅰ部においては憲法学の立場からの依頼論文を位置付け，第Ⅱ部では美術館関係者に，また，第Ⅲ部では「九条俳句訴訟弁護団」にご執筆いただいた。「九条俳句訴訟」をきっかけに，公民館だけでなく図書館，博物館，美術館関係者との研究交流が生まれ，憲法学も含め，学際的な研究が始まったことも本プロジェクト研究の特徴であり成果であったといえよう。

さて，新型コロナウイルスによるパンデミックについても触れておきたい。日本で最初の感染者が2020年1月に出て以降，編集委員会も後半2回はオンライン会議を余儀なくされるなど，特別な困難を抱えての編集作業となった。グローバル化，地球環境の破壊，そして新自由主義政策のもと，世界中であぶり出された貧困・格差をはじめとする諸矛盾に社会教育学会がどのように向き合い，またどのように地域での住民の学びの自由と権利を保障し，創造していくのか。ウィズコロナ・ポストコロナの時代を見通しつつ新たな研究課題が私たちに突き付けられていることを痛感している。

最後に，本年報の編集・刊行にあたり，御尽力いただいた東洋館出版社編集部・畑中潤様，大岩有理奈様に厚く御礼を申し上げたい。

2020年8月　年報第64集編集委員会委員長　長澤成次

目　次

第Ⅰ部　「学習の自由」と社会教育―その原理的探求

第Ⅱ部　社会教育施設と「学習の自由」

第Ⅲ部　九条俳句訴訟と学習権

序：人権としての学習権思想と
「学習の自由」をめぐる今日的課題

長澤　成次

はじめに

　2014年6月25日，さいたま市三橋公民館の公民館報である「三橋公民館だより」に「梅雨空に「九条守れ」の女性デモ」の俳句が不掲載にされた事件は，1年後の2015年6月に当該俳句の作者が原告となってさいたま市に掲載等を求めて裁判をおこし，掲載は認められなかったものの，原告勝訴のさいたま地裁判決（2017年10月13日）・東京高裁判決（2018年5月18日）を経て，2018年12月20日の最高裁の双方の上告棄却によって東京高裁判決が確定した。憲法裁判としての性格をも有した本事件は，本年報の各論稿が明らかにしているように社会教育学研究における学習権思想と学習の自由に関わる研究の到達点と課題をより鮮明にしていくうえで重要な契機をなしたといえる。同時に公民館の根拠法である社会教育法自体が裁判において援用され，また両判決において引用されたことも画期的であった。

　原告弁護団が主張した社会教育法違反の一つに社会教育法第12条違反があった[1]。同条（国及び地方公共団体との関係）は，「国及び地方公共団体は，社会教育関係団体に対し，いかなる方法によっても，不当に統制的支配を及ぼし，又はその事業に干渉を加えてはならない。」と規定している。戦前社会教育における国家主義的軍国主義的組織化が社会教育団体・社会教化団体を通じて行われたことに対する痛切な反省をもとに定められたものであ

るが，その「立法理由」について，寺中作雄は「本條は社会教育関係団体が国及び地方公共団体の影響から離れて，自由に積極的に自主的活動を行いうることを確保せんとするものである。」と述べ，「文部大臣及び教育委員会の行う指導助言も広義における支配干渉に亘るものと解せられないでもないが，少なくともそれが社会通念上「不当に」と考えられる程度に至ることを戒めているのである。」[2]と述べていた。

「社会教育関係団体」である三橋俳句会が選んだ秀句が3年8か月にわたって「公民館だより」に掲載されていたにも関わらず，公民館側が俳句の表現内容に立ち入って不掲載としたことは，当該作者を含む三橋俳句会に対して「不当に統制的支配を及ぼし，又はその事業に干渉を加え」たことは明白であった。なぜ第12条違反が判決で明示されなかったかは今後の研究課題でもある。

また，当該事件は，人権としての学習権を保障する公民館そのものが問われたという意味でも重要である。確定した東京高裁判決は「…公民館の職員が，住民の公民館の利用を通じた社会教育活動の一環としてなされた学習成果の発表行為につき，その思想，信条を理由に他の住民と比較して不公正な取扱いをしたときは，その学習成果を発表した住民の思想の自由，表現の自由が憲法上保障された基本的人権であり，最大限尊重されるべきものであることからすると，当該住民の人格的利益を侵害するものとして国家賠償法上違法となるというべきである（最高裁平成17年7月14日第一小法廷判決・民集59巻6号1569頁参照）。」と述べている。

本来，公民館報の編集・発行に係る公民館の事業をめぐっては[3]，社会教育法第5条（市町村の教育委員会の事務），第22条（公民館の事業）のように「事務」と「事業」が区別され，「「事業」とは一定の目的の下に同種の行為を反覆継続的に行い，その行為が権力の行使を本体としない場合を指す」（傍点筆者）[4]と解釈されている。また，さいたま市の場合は，2001年の政令指定都市への移行にともなって，合併前の公民館体制が，地区公民館・拠点公民館・中央公民館（生涯学習総合センター）へとヒエラルキー構造に再編され地区公民館の館長決裁権が変化したことも背景にあると思われるが，今回の事件の背景については多様な角度からの分析が求められている。

本稿は，以上のような問題意識をふまえつつ，まず第一に，あらためて憲法・教育基本法・社会教育法制のもとでの人権としての学習権思想をめぐる理念と法的構造を確かめるとともに，第二に，戦後社会教育史において「学習の自由」がどのように問われてきたのかを概観し，第三に，「学習の自由」との関連で問われた公立社会教育施設の教育委員会からの首長部局移管を可能にした第9次地方分権一括法による関連法改正の問題点を提示して，人権としての学習権思想と「学習の自由」をめぐる今日的課題にせまってみたい。

1．憲法・教育基本法・社会教育法制における教育権・学習権保障の構造的理解

　生涯にわたる人権としての教育権・学習権保障を考えるとき，常に憲法・教育基本法・社会教育法制のもとでの構造的理解が求められる。ところが「日本国憲法の精神に則り」制定された1947年教育基本法は2006年第一次安倍内閣のもとで「全部改正」され，社会教育法第1条は「この法律は，教育基本法（平成十八年法律第百二十号）の精神に則り，社会教育に関する国及び地方公共団体の任務を明らかにすることを目的とする」と「改正」されて，社会教育法自体も新たな矛盾を内包することとなった。したがって私たちはこのような法状況を一方では認識しつつ，憲法に規定された人権としての教育権・学習権思想を教育の条理に沿って豊かに創造していくことが求められている[5]。

　憲法第26条（教育を受ける権利・教育を受けさせる権利）第1項は「すべて国民は，法律に定めるところにより，その能力に応じて，ひとしく教育を受ける権利を有する。」と規定し，「教育を受ける権利」を子ども・若者に限定せず，すべての国民の生涯にわたる「教育を受ける権利」（教育権）の保障を明記している。「教育を受ける権利」は，憲法第11条に規定された「基本的人権」として位置づけられ，「自由・権利の保持の責任と濫用の禁止」（第12条），「個人の尊重，幸福追求権，公共の福祉」（第13条），「法の下の平等」（第14条），「思想及び良心の自由」（第19条），「信教の自由」（第20条），「集会・結社・表現の自由，通信の秘密」（第21条），「学問の自由」（第23条）

などの自由権的諸権利と深く結びつき，第25条（生存権・国の社会的使命），第27条（勤労の権利及び義務。勤労条件の基準，児童酷使の禁止）と共に社会権的権利として憲法上規定されている。社会権とは「国家に対する国民個人の教育機会の整備に向けた請求権を意味する」[6]ものであるが，「教育を受ける権利」は，このように自由権的権利と社会権的権利が結びついて人権としての教育権が保障されるという視点が重要である。

　一方，学習権の概念をめぐっては，人間の発達や人間の本質にとっての学習の意味が問い返され，「人権思想の発展的契機としての国民の学習権」[7]として深められてきている。第2次家永教科書訴訟一審判決（杉本判決）は「子どもは未来における可能性を持つ存在であることを本質とするから，将来においてその人間性を十分に開花させるべく自ら学習し，事物を知り，これによって自らを成長させることが子どもの生来的権利であり，このような子どもの学習する権利を保障するために教育を授けることは国民的課題である」（東京地判1970）とされ，さらに最高裁旭川学力テスト判決（1976）においても「［本条の］規定の背後には，国民各自が，一個の人間として，また，一市民として，成長，発達し，自己の人格を完成，実現するために必要な学習をする固有の権利を有すること，特に，みずから学習することのできない子どもは，その学習要求を充足するための教育を自己に施すことを大人一般に対して要求する権利を有するとの観念が存在している」として，「教育を受ける権利」（教育権）の基礎に学習権が存在することが判例においても明確に確認されてきている。このような中で，九条俳句不掲載事件にかかる裁判において「大人の学習権」が東京高裁判決（2018年12月20日）において確定されたことは画期的であると言わねばならない。

　人権としての教育権・学習権思想を内在化させた憲法を受けて1947年に制定された教育基本法は，憲法の「理想の実現は，根本において教育の力にまつべきものである。」と前文で謳い，第7条で「社会教育」を規定した。この1947年教育基本法の精神に則り，制定された社会教育法は，もちろん時代的制約・課題を持ちつつも，明治憲法と教育勅語体制のもとでの戦前社会教育から決別し，社会教育における自由と権利を法制化したという点で画期的であったと言わざるを得ない。

同法第3条では「国及び地方公共団体は，すべての国民があらゆる機会，あらゆる場所を利用して，自ら実際生活に即する文化的教養を高め得るような環境を醸成するように努めなければならない」として，すべての国民が「自ら実際生活に即する文化的教養を高め得る」権利としての社会教育に対する国や地方自治体の公的「環境醸成」責務を明確にし，第四章では，社会教育施設としての公民館制度の法制的整備をはかり，第三章「社会教育関係団体」においては，前述したように第12条において社会教育関係団体に対する権力的な統制を強く禁止し，その文脈において旧第13条においては，「国及び地方公共団体は，社会教育関係団体に対し，補助金を与えてはならない」として補助金支出を明確に禁止した。さらに「社会教育の自由」を保障するための担保としての住民自治ないし住民参加システム（教育委員会への助言機関・諮問機関としての社会教育委員制度：第17条，公民館長の諮問機関としての公民館運営審議会：第29条）を規定し[8]，1951年社会教育法改正では第二章（社会教育主事及び社会教育主事補）を新設して，「社会教育主事は，社会教育を行う者に専門的技術的な助言と指導を与える。ただし，命令及び監督をしてはならない。」とされた。この「命令及び監督」の禁止は住民の学習の自由を担保するという意味で極めて重要である。
　また，社会教育法第9条（図書館及び博物館）を受けて，1950年に図書館法，1951年に博物館法が制定された。戦前の歴史をもつ図書館・博物館が，戦後，憲法・教育基本法・社会教育法制のもとに明確に位置づけられたことの意味は大きい。それはたとえば日本図書館協会「図書館の自由に関する宣言」（1954年5月28日採択，1979年5月30日改訂）や「美術館の原則と美術館関係者の行動指針」（全国美術館会議総会採択：2017年5月）などに「図書館の自由」「博物館の自由」[9]に関わる精神・理念が明示されていることからも確認できよう。

２．「学習の自由」と戦後社会教育史の展開

　1949年6月10日に社会教育法が公布・施行された後に寺中作雄は『社会教育法解説』を著し，その序において「…社会教育の自由の獲得のために，社

会教育法は生まれたのであるということができるであろう。（中略）もちろん社会教育法は社会教育活動の全面に亘って，これを規制しようとするのではない。常に国，地方公共団体というような権力的な組織との関係において，その責任と負担とを明らかにすることによって，社会教育の自由の分野を保障しようとするのが社会教育法制化のねらいであって，その限度以上に進出して，却って社会教育の自由を破るような法制となることを極力慎まなければならないのである。」と指摘していた。戦前の内務官僚でもあった寺中の「社会教育の自由」概念が果たしてどのような理解のもとで使用されていたのか。それ自体が研究課題でもあるが，「あきらかに「近代」公教育思想の古典的発想を歴史的に継承するものであった」[10]という指摘もなされている。

　1947年教育基本法第10条は，戦前教育の反省をふまえ「教育は，不当な支配に服することなく，国民全体に対し直接に責任を負って行われるべきものである。」と規定し，この第10条を直接受けて公選制の教育委員会法（1948年）が制定された。「…昭和二十三年の旧教育委員会法の提案理由説明においては，地方教育行政改革の根本方針として，一，教育行政の地方分権，二，住民の意思の公正な反映，三，教育委員会の首長からの独立性が挙げられており，このことは現行の地教行法のもとにおいても基本的には変わらないと考えております。」[11]と，旧教育委員会法の立法精神が今日においても国会質疑で引用されているが，この「根本方針」こそ「学習の自由」を担保する制度的保障でもある。

　ところが，「社会教育の自由の獲得のために」に生まれた社会教育法とその後の社会教育の70余年の歴史的展開は，社会教育法と緊張関係をもちつつも，憲法・教育基本法・社会教育法制に基づく社会教育の自由と権利をより豊かに地域で実現しようとするさまざまな取り組み・諸運動が展開される一方で，他方では社会教育への権力的統制を強化しようとする上からの政策的展開との矛盾・せめぎあいのなかで推移してきた歴史でもあった[12]。社会教育法自体も42回（2019年6月7日現在）の「改正」を重ね理念的にも制度的にも後退を重ねてきているのが実態である[13]。その意味では「社会教育の自由」それ自体が歴史のなかで常にその内実を問われ続けてきたと言ってよ

い。

　そうした矛盾が最初に顕在化したのが1953年の青年学級振興法制定をめぐ
る議論であった。青年の自主的学習活動への統制への危惧などから日本青年
団協議会は第2回福井大会（1952年）において激論の末，青年学級法制化反
対を決める。反対運動は翌年も続くが，成立した同法第1条（この法律の目
的）には「国家及び社会の有為な形成者の育成に寄与」が入り，第11条（禁
止行為）には，「特定の政党その他の政治的団体の利害に関する事業を行
い，又は公私の選挙に関し特定の候補者を支持し若しくはこれに反対するこ
と。」という文言が入った。社会教育法第23条（公民館の運営方針）と比較
するならば「その他の政治的団体」が加えられて勤労青年の政治活動を抑制
する意図は明らかであった。日本青年団協議会は，法成立後，青年の自主性
に基づく共同学習運動をすすめ，また社会教育研究者などの協力のもと，
「一　基本的人権に立脚したものであること，二　教育の機会均等の原則を
つらぬくものであること，三　不当な統制的支配や政治的干渉を受けないも
のであること，」など10項目にわたる「勤労青年教育基本要綱」をまとめ
る。第3項は，まさに学習の自由を求める項目であった。さらに1959年には
いわゆる社会教育法「大改正」によって，旧第13条を廃止して社会教育関係
団体への補助金支出を可能とし，大学以外の国による社会教育主事養成の道
を開くなど，社会教育への国からの統制が強化されていく。

　こうした学習の自由をめぐる状況は地域における公民館活動においても見
られた。たとえば『長野県公民館活動史』によれば「昭和三十年の中頃から
昭和四十年代の間，地域の中に解決を迫られる課題が山積し，その課題を積
極的に館報の記事に掲載した市町村では，市町村当局や議会等から館報の内
容や記述に対する干渉や圧力がかけられた」[14]。また，第13回長野県公民館
大会（1964年）の準備過程における記述では「住民の生活要求や政治的要求
と結び付けて学習活動をすすめていくと，学習内容に制限や干渉が加えられ
たりする。本来的に学習活動が自由に展開されない限り，住民の学習活動が
育たないばかりでなく，公民館は行政の下請け機関，行政の啓発機関になっ
てしまうという出席者の危機感の中から，開催地の飯田，下伊那主事会の提
案もあって，「学習の自由を守ろう」が大会スローガンに加えられた」[15]と記

述されている。

　こうした動きと連動して全国で公民館主事・社会教育職員の不当配転問題が起きる。社会教育職員の労働基本権を奪い，住民の学習の自由と権利を侵害する不当配転の事例は，1960年前後から全国で顕在化してくるが[16]，たとえば1966年に長野県下伊那郡喬木村で起こった島田修一社会教育主事の不当配転は，1969年の現職復帰を勝ちとるまで4年にわたる撤回運動が展開され，その全過程は『学びの自由を求めて　長野県喬木村社会教育主事不当配転撤回運動の記録』（喬木村社会教育を守る会，1994年）に詳しくまとめられている。同書の［資料］には「社会教育職員の配転問題に関する文献等」として，全国の不当配転事件にかかる記録・資料集が14点リストアップされている。おそらく記録化されなかった「不当配転」事例と住民の学習の自由の侵害事例は枚挙にいとまがないといえよう。

　いま，私たちが1949年の社会教育法制定以降の70余年の歴史の到達点に立ち，その歴史を振り返る時，戦後社会教育史の民主的発展の原動力は，平和・人権・民主主義などを原点に，住民の自由な学びを社会教育職員との共同の力で地域に創りあげてきた諸努力であったといえる。また，その過程において人権としての学習権と学習の自由・社会教育の自由が人々に自覚化されていったのである。その意味では，現実の地域と暮らしに向きあいながら社会教育（職員）のあるべき姿を定式化してきた諸文書と，そこに蓄積されてきた「学習の自由」「社会教育の自由」にかかわる価値は，再評価されるべきであろう[17]。

３．「学習の自由」と第９次地方分権一括法による社会教育関連法「改正」

　「学習の自由」をめぐる問題構造は，今日においては国の政策的展開とも深く関わっている。1980年代以降の「行財政改革」の推進をはじめ，臨時教育審議会答申（1984-1987）による「生涯学習体系への移行」政策，さらに1990年代後半以降の地方分権・規制緩和政策は，自治体社会教育行政に大きな影響を及ぼした。「行財政改革」「生涯学習政策」「地方分権・規制緩和」政策が三位一体となって人権としての学習権保障という観点を否定ないし後

退させ，近年では，「公共施設等総合管理計画」（総務省，2014年）において「公的サービスの産業化」[18]などが政策課題となってきている。もはや公共施設という概念の中に教育委員会所管の社会教育機関ないし社会教育施設という概念が存在しないかのごとく進められているのである。結果的に人権としての学習権や学習の自由，あるいは公民館の無料原則に言及ないし主張することが極めて困難になってきている。

　これに加えて今日の国・自治体の社会教育再編の重要な梃になっているのが「文化・観光振興や地域コミュニティの持続的発展」（第9次地方分権一括法の概要）である。第9次地方分権一括法による社会教育関連法「改正」の直接的契機となったのは「平成29年の地方からの提案等に関する対応方針」（2017年12月26日，閣議決定）であり，そこでは「公立博物館については，まちづくり行政，観光行政等の他の行政分野との一体的な取組をより一層推進するため，地方公共団体の判断で条例により地方公共団体の長が所管することを可能とすることについて検討し，平成30年中に結論を得る。」とされ，「宿題」を与えられた文部科学省は中教審生涯学習分科会において対象を公民館・図書館にまで広げて審議を開始する。法改正への準備も内閣府主導のもとで進行し，中教審答申「人口減少時代の新しい地域づくりに向けた社会教育の振興方策について」（2018年12月21日，以下「答申」と略す）の提出後，「平成30年の地方からの提案等に関する対応方針」（2018年12月25日閣議決定）に基づいて，「一括法」形式で国会に提出することが決定され，「義務付け・枠付けの見直し等」（傍点筆者）の項目に「社会教育法（昭24法207），図書館法（昭25法118），博物館法（昭26法285）及び地方教育行政の組織及び運営に関する法律（昭31法162）」の「改正」が位置づけられた。なお，「平成30年の地方からの提案」とは，「国からの要請」[19]を受けて三重県名張市が2018年6月4日に内閣府地方分権改革推進室に提出した「公立社会教育施設の所管に係る決定の弾力化」という規制緩和の要望である。

　「提案募集方式」と呼ばれるこの「地方分権改革」のもと，名張市の提案によって今回の法改正が行われたのである。

　しかしながら，「学習の自由」との関係で注目すべきは「答申」自体も，首長部局への移管が住民の学習の自主性・自発性を阻害する可能性があるこ

とを指摘し，あるいは法案を審議した参議院内閣委員会の附帯決議も「国民の知る権利，思想・表現の自由」を侵害する可能性を指摘していたという事実である。少し長いが引用してみよう。

「…社会教育においては，個人の要望や社会の要請に応じた多種多様な学習機会が整備されることが重要であり，行政による学習機会の提供に当たって，行政的な視点が優先され，学習に関する住民の自主性・自発性が阻害されることのないよう，地域住民の意向の反映に留意することが重要である。」（「答申」より。）
「五　地方公共団体の長が公立社会教育施設を所管する場合にあっては，社会教育の政治的中立性，継続性・安定性の確保，地域住民の意向の反映，住民組織やNPOなどの運営参加の促進，学校教育との連携等により，多様性にも配慮した社会教育が適切に実施されるよう，地方公共団体に対し，適切な助言を行うこと。特に，図書館，博物館等の公立社会教育施設が国民の知る権利，思想・表現の自由に資する施設であることに鑑み，格段の配慮をすること。」[20]（参議院内閣委員会附帯決議，2019年5月30日）

　ここではあらためて今回の法「改正」の問題点を整理してみたい。
　⑴　地方教育行政法第23条（職務権限の特例）改正によって，これまでの「スポーツに関すること」「文化に関すること」（2007年改正），「文化財の保護に関すること」（2018年改正）に加え，公民館，図書館，博物館に関する事務の「いずれか又はすべて」を首長が管理・執行できるようになり，教育委員会からほぼすべての社会教育に関する事務を首長部局に移管できるようになった。⑵　公立社会教育施設を首長が管理・執行する場合の事務を「特定事務」，その地方公共団体を「特定地方公共団体」，その社会教育機関を「特定社会教育機関」，その公民館・図書館を「特定公民館」「特定図書館」という新たな法概念を導入したが，そもそもこのような「特定」概念の導入は，憲法上規定された人権としての教育権・学習権をすべての住民に普遍的に保障するという社会教育行政の役割からいっても極めて問題がある。⑶　「特定公民館」「特定図書館」においては，首長による職員任命（社会教

育法第28条，図書館法第13条）と公民館運営審議会委員・図書館協議会委員の委嘱・任命（社会教育法第30条，図書館法第15条）が行われる。このような首長による職員任命と審議会等委員の任命・委嘱は，「教育委員会の首長からの独立性」を損ない，公民館・図書館・博物館における自由な学びの公共空間を権力的にゆがめていく可能性がある。本来，住民の自由な学びを支える公民館主事・図書館司書・博物館学芸員は，自らの専門性に基づいた自由で自律的な社会教育労働が保障されてこそ住民の生涯にわたる学習の自由と権利を保障していくことができるからである。

おわりに

　地域の社会教育機関である公民館・図書館・博物館における学びの公共空間は，人権としての学習権思想に裏打ちされた「学習の自由」「知る自由」「思想・表現の自由」によってこそ満たされ花開くものである。一般行政から独立した行政委員会である教育委員会は，多くの課題を抱えているとはいえ，これらの自由を担保する大事なシステムであり，守られ発展させられなければならない。教育委員会の存在は自治体の多元的システムの一翼を担っているのであって，その意味でも公立社会教育施設の首長部局移管は首長の一元的支配に陥る危険性がある。九条俳句不掲載事件も第9次地方分権一括法もそのプロセスにおいては，民主主義の否定・地方自治の否定の上に進行したと言わざるを得ないのであって，主権者としての主体形成に寄与する社会教育学研究が切実に求められていることを痛感している。

　言及すべき課題は山積しているが他日を期したい。なお本稿は筆者がこれまでに書いたものをもとにしつつ，再構成した部分を含んでいることをお断りしておきたい。

【註】
1）久保田和志・石川智士「九条俳句不掲載損害賠償等請求事件の原告主張と地裁判決」
　佐藤一子・安藤聡彦・長澤成次編著『九条俳句訴訟と公民館の自由』エイデル研究所，
　2018年，p.51.

2） 文部省社会教育課長寺中作雄著『社会教育法解説』社会教育図書株式会社，1949年，pp.79-80.

3） 拙稿「住民自治に根ざす公民館運営と公民館だより」（佐藤一子・安藤聡彦・長澤成次編著『前掲書』）を参照のこと。

4）「社会教育法令の解釈指導について（回答）」（昭和26年6月29日地社第16号，文部省社会教育局長より高知市長あて）より。

5） 詳しくは拙稿「第12条（社会教育）」（荒牧重人・小川正人・窪田眞二・西原博史編『別冊法学セミナー　新基本法コンメンタール　教育関連法』日本評論社，2015年）を参照されたい。

6） 西原博史「第26条［教育を受ける権利・教育を受けさせる義務］芹沢斉・市川正人・坂口正二郎編『別冊法学セミナー　新基本法コンメンタール憲法』日本評論社，2015年，p.226.

7） 堀尾輝久「人権思想の発展的契機としての国民の学習権」（小川利夫編『住民の学習権と社会教育の自由』勁草書房，1976年）を参照のこと。

8） 社会教育法に規定されていた住民自治システムは1999年の第1次地方分権一括法によって大きく後退させられた。詳しくは拙稿「地方分権第二次勧告と社会教育法改正」（教育科学研究会・社会教育推進全国協議会編『教育，地方分権でどうなる』国土社，1999年）を参照のこと。

9） 文部科学省の組織再編と連動して2018年の文部科学省設置法改正で「博物館による社会教育の振興」が文化庁の任務として位置付けられ，博物館は文化庁の所掌事務となった。文化庁は文部科学省の外局とはいえ，国のレベルでは博物館は社会教育行政から外されたことになる。

10） 小川利夫「社会教育の組織と体制」小川利夫・倉内史郎編『社会教育講義』明治図書，1964年，p.62.

11）『第198回国会衆議院文部科学委員会議録　第10号』（2019年4月17日）より。

12） 千野陽一監修／社会教育推進全国協議会編『現代日本の社会教育　社会教育運動の展開　増補版』エイデル研究所，2015年などを参照のこと。

13） 拙稿「憲法・教育基本法制と社会教育法「改正」の歴史」（『公民館はだれのものⅡ　住民の生涯にわたる学習権保障を求めて』自治体研究社，2019年）を参照のこと。

14） 長野県公民館運営協議会他編『長野県公民館活動史』1987年，p.351.

15）『前掲書』，p.375.

16） 徳平英亀「追放人事に抗し復帰をかちとった高知の仲間」（戦後社会教育実践史刊行

委員会編『戦後社会教育実践史　第三巻　開発政策に抗する社会教育』民衆社，1974年）を参照のこと。

17）たとえば大阪府枚方市教育委員会『社会教育をすべての市民に』(1963年)，長野県飯田・下伊那主事会がまとめた「公民館主事の性格と役割」(1965年)，東京都教育庁社会教育部「新しい公民館像をめざして」(1974年)，長野県公民館運営協議会「長野県公民館あり方研究委員会」『長野県らしい公民館に磨きをかけよう（提言）～これからの長野県公民館と県公運協のあり方について～』(2012年）など。

18）安倍政権のいわゆる「骨太の方針」である「経済財政運営と改革の基本方針2019について」(2019年6月21日閣議決定）では，「公共施設等の整備・運営などのあらゆる公共サービスにPPP/PFIを積極的に活用し，地域の企業等の参入を促す」「PPP/PFIなどの公的サービスの産業化の取組を加速・拡大し，公的サービスに付随する投資や新たなサービスの創出を促進する」「人口20万人以上の地方自治体における実効ある優先的検討の運用をはじめとするPPP/PFIの実施支援」などという文言が書かれている。

19）「○田村智子君　…我が党の市議に，市の複数の担当者に直接聞いてもらいました。そうしたら，担当者の方複数いますが，こう言っていました。私の方から要望を出したのではない，国が名張市の先行事例を知っていて，成功事例としてのヒアリングが欲しかったのではないのか，あるいは国からの要請を受けて提案した，借りをつくった，何かのときに返してもらうこともあるだろう，こう言っているんですよ。…」『第198回国会参議院内閣委員会会議録第20号』(2019年5月30日）より。

20）この下線部分は，2019年4月25日に衆議院地方創生に関する特別委員会で採択された附帯決議にはなかった部分である。なお，同附帯決議の七項目は「本法の公立社会教育施設に関する規定の施行後三年を目途として，その施行状況を検証し，必要があると認める場合には，社会教育の適切な実施のための担保措置等について，所要の見直しを行うこと。」と記されている。

第 I 部

「学習の自由」と
社会教育

「国民の学習権・学習の自由」の保障と社会教育内容編成

佐藤　一子

はじめに

　さいたま市三橋公民館の公民館だよりへの九条俳句不掲載をめぐる裁判で，戦後社会教育の展開において問われ続けてきた「国民の学習権と学習の自由」について明確な司法判断を示した画期的な判決が確定した。

　本稿では「国民の学習権」と社会教育内容論をめぐる法理念的考察をふまえて，九条俳句訴訟判決の意義を明らかにする。そのうえで公民館に焦点をあて，「国民の学習権と学習の自由」を保障する社会教育内容編成のあり方を検討する。多様で論争的なテーマである「現代的課題に関する学習」をめぐって学習権を保障し，学習者の自発性を尊重する公民館事業のあり方，その過程での政治的中立性の判断について実証的な検討が求められる。

　「国民の学習権と学習の自由」を社会教育実践の展開に即して読み深め，公民館の運営と事業のあり方を考察することが本稿の課題である。

1．社会教育法の理念と「学習の自由」

(1)　社会教育の公教育性の認識と「学習の自由」

　寺中作雄は社会教育法の理念を「社会教育は本来国民の自己教育であり，

相互教育であって…国家の任務は国民の自由な社会教育活動に対する側面からの援助であり，奨励であり，且つ奉仕であるべき」と解説している[1]。社会教育法3条により社会教育行政を非権力的な助長行政と性格づけ，それによって「社会教育の自由」が保障されるという理解が通説となっていた。

しかし，社会教育関係団体の補助金支出をめぐる社会教育法改正（1959年）を機に，1960年代から70年代にかけて国民の自己教育運動と社会教育行政の関係構造を認識し，「権利としての社会教育」論を構築する研究が本格化する。小川利夫は以下のように社会教育の権利構造の体系的把握を示した[2]。

第一に社会教育の公教育性に注目し，「社会教育の自由」の自由権的理解を憲法的な「文化的生存権」として再定義した。第二に国民の自己教育運動と公教育形態としての社会教育の外在的矛盾と内在的矛盾を構造的に認識し，国民の教育要求にもとづく「社会教育活動」の展開を学習権保障の中心課題に据えた。第三に旧教育基本法7条（現12条，社会教育）の「国民的解釈」，さらには同8条（現14条）の「良識ある公民たるに必要な政治的教養」の問題を「権利としての社会教育」の要点ととらえた。

小川は，社会教育行政が社会教育施設運営と学級講座等の事業の実施，社会教育関係団体の活動の奨励等の「社会教育活動」において「教育的」（「住民の学習過程における指導性」）という独自性をもち，とりわけ「学習の主体に即した学習内容編成論への視点」の深化が問われると指摘している[3]。

(2) 社会教育の振興と政治的教養の尊重

旧教育基本法7条の「国民的解釈」に際して，旧2条（教育の方針）と7条，及び8条（現14条，政治教育）との関連性をふまえる必要がある。

旧2条は「教育の目的は，あらゆる機会に，あらゆる場所において実現されなければならない。この目的を達成するためには，学問の自由を尊重し，実際生活に即し，自発的精神を養い，自他の敬愛と協力によって，文化の創造と発展に貢献するように努めなければならない」と規定し，社会教育法3条の条文に生かされている。当時の文部省内教育法令研究会『教育基本法の

解説』によれば，2条は「学校教育と並んで社会教育が大いに尊重され，振興されなければならない」という戦後教育改革の考え方を表しており，1条（教育の目的）に示される「人格の完成」「平和的な国家及び社会の形成者」等の実現のために「あらゆる機会に，あらゆる場所」で「国民相互に教育し，教育される」という社会教育の重要性を示した条文であった[4]。

　また「学問の自由を尊重し」の文言は，憲法23条「学問の自由」にもとづき，より広く「すべての人々が本来持っている真理探究の要求が自由になされなければならない」という趣旨であり，憲法の「学問の自由」規定と一般国民，子どもたちの教育・学習の過程が関連づけてとらえられている。さらに「教育なり学問なりが実際生活を基礎として，そこから出発して行われなければならず，又かくして得られた成果が，実際生活に浸透して行かなければならない」と社会教育法3条との関連性も言及されている[5]。

　憲法前文・憲法23条・旧教育基本法1条・2条の教育の目的と方針に即して7条が設けられ，社会教育の振興が重視されたことがわかる。

　8条（現14条）「政治教育」の解説では，「良識ある公民たるに必要な政治的教養」として「第一に，民主政治，政党，憲法，地方自治等，現代民主政治上の各種の制度についての知識，第二に現実の政治の理解力，及びこれに対する公正な批判力，第三に，民主国家の公民として必要な政治道徳及び政治的信念など」の具体的な内容があげられている[6]。

　社会教育行政は教育基本法制定以前から憲法普及・公民教育を重点課題として推進していた。戦後改革期の社会教育振興・公民館の設置奨励は，憲法学習・政治教育の推進と表裏一体の施策であったといえる。

２．「権利としての社会教育」の思想と公民館の学習実践

(1)　自己教育運動と公民館活動の創造的展開

　1950年代から60年代にかけて，朝鮮戦争の勃発，日米安保条約締結を経て高度経済成長期にいたる社会状況の変化のもとで，国・自治体の社会教育行政は政治教育を抑制し，行政主導性を強めた。他方で高度経済成長期に入る

と地域開発や都市の環境悪化等の生活課題をめぐる住民運動のなかで人権・生活権を守る関心から政治的・社会的な学習が求められた。共同学習の停滞から系統的・科学的学習が模索され，生産大学や市民大学などの創造的展開をみる[7]。学習要求の質的な高まりを背景として「権利としての社会教育」が提唱され，「学習・教育の内容を自主的・民主的に編成していくことこそが国民の学習権保障の第一歩」[8]という課題意識が共有されるようになった。社会教育内容編成は法制度をふまえた用語であるが，住民の学習過程に即して学習内容編成という用語も広く用いられるようになる。

　この時期に「権利としての社会教育」をめざして，自治体の社会教育委員会や職員集団の提言が相次いで出された。枚方市教育委員会（社会教育委員兼公民館運営審議会委員の報告）「社会教育をすべての市民に」（1963年），三多摩社会教育懇談会・小川利夫「都市社会教育論の構想（公民館三階建て論）」（1964年），長野県飯田・下伊那主事会「公民館主事の性格と役割」（1965年），東京都教育庁社会教育部「新しい公民館像をめざして」（1974年）は「4つのテーゼ」とよばれ，全国の社会教育運動の発展を促した[9]。それぞれの提言の背景には，地域課題や生きる権利をめぐって母親運動，労働運動，住民諸組織が地域レベルで連携し，集うこと・学ぶことを通じて問題解決を求める主体的な学習運動の広がりがあった。枚方市の報告は関西社会教育の蓄積である同和教育・人権学習をふまえて，「社会教育の本質は憲法学習である」と提起して反響をよんだ。飯田・下伊那主事会提言では，地域開発政策のなかで「住民の地方自治を守る実践の中にこそ，社会教育の内容があり」，その要求に応えるうえで公民館主事の専門性と自治体労働者としての生活と権利を守る実践を重ねあわせることを重視している。多摩地域の都市的公民館の発展をふまえた東京都教育庁の提言では，公民館の機能を「自由なたまり場」「集団活動の拠点」「私の大学」「文化創造のひろば」として創造的に描き出し，自由と均等の原則，無料の原則，学習文化機関としての独自性など，住民の権利保障の原則を明記した。いずれのテーゼも文部省の設置基準や全国公民館連合会の提言では言及されていない学習権保障にもとづく公民館の運営・事業方針を提起しており，住民主体の社会教育の模索と創造の過程を反映した社会教育のあり方，公民館像を示している。

⑵ 「国民の学習権」論の展開

　自己教育運動と自治体社会教育の民主化のダイナミックな進展のなかで，社会教育法解釈を超えて住民の学習要求の実現を保障する権利論が探求された。住民参加と学習内容の自主編成のあり方が問われ，一方で教科書裁判や学テ訴訟など学校教育における教育権論をふまえて学習権の立論が促された。日教組教育制度検討委員会の論議では，子ども・青年の発達保障と学習権をめぐる課題と地域や職場における住民・労働者の学習の自由と権利保障という課題が統合され，憲法26条（教育を受ける権利）を学習主体に即して「国民の学習権」ととらえ直し「人権中の人権」であるとする提起がなされた[10]。

　「『国民の学習権』は，基本的人権に属するものであり，国民の生存権，発達権，幸福追求の権利，労働の権利と固く結びついた権利であり，すべての国民の『探究の自由』，『真実への権利』と不可分のものである」。「国民の学習権は，子どもや青年にとっては，人間的な成長・発達に不可欠な学習への権利であり，成人にとっては，不断の自己教育の権利であり…専門的学問・研究の自由と，その社会的責任の視点をふくむものである」[11]。

　「国民の学習権」論は，憲法上の基本的人権を人間の生涯にわたる発達を通じて主体化する営みからとらえ直した現代的人権論としての意義をもつ。

　「国民ひとりひとりの生涯にわたっての探求と創造にゆだねることによって，社会全体を生きた学校にかえること」という堀尾輝久の学習権論[12]は，コンドルセ以来の西欧教育思想である「永続的教育学」の系譜を継承しつつ，住民運動が「科学の学校」「民主主義の学校」[13]となっている実態を「学校と社会」の教育総体として再定義する現代的な人権教育思想にもとづいている。

　「国民の学習権」論の要点のひとつは憲法23条「学問の自由」を「学問の国民化」「学問の自由のとらえなおし」として理解することである。ここでは「政治的公的情報」への「知る権利」との関連性も重視されている[14]。大衆社会における情報操作のもとで，真実を知る権利が現代的人権として新たな重要性をもつ。戦後改革期の啓蒙的な政治教育とは異なる主体的な「探究

の自由」としての政治的・社会的な学習が意義づけられている。

　国際的に成人教育における学習権論は，基礎教育に欠ける途上国の識字・民衆教育や西欧労働組合運動による継続教育・職業教育要求を背景に，平等・機会均等を保障する学習権が求められ，1985年にユネスコ学習権宣言に結実する[15]。日本ではむしろ産業発展のひずみのなかで現代的人権の生成過程と一体化した学習権思想が先駆的に探究された。学習権思想を促した公害学習や地域課題の学習は，その後ユネスコが提唱する「持続可能な開発のための教育」（ESD）の国際的発展に受け継がれていく。日本の公民館が国際的にコミュニティ・ラーニング・センターとして注目されるようになったことも，この時代の「国民の学習権」論の展開によるところが大きいといえよう[16]。

３．九条俳句訴訟判決における学習権の認定と「学習の自由」

　九条俳句訴訟は，公民館利用団体である俳句会の作品を毎月公民館だよりに掲載してきたところ，2014年６月に選ばれた「梅雨空に『九条守れ』の女性デモ」という俳句が不掲載となったことから作者が提訴した事件である。裁判では社会教育機関としての公民館の性格，公民館だよりの機能，利用団体・市民に対する職員の責務をめぐって，表現の自由（憲法21条），学問の自由（憲法23条），教育を受ける権利（憲法26条）等の憲法的人権の侵害，違法性が争われた。九条俳句の掲載は公民館の「中立性，公平性，公正性」に反するというさいたま市側の主張を退けて，一審，二審とも原告勝訴，2018年12月に最高裁棄却で高裁判決が確定した。訴訟過程と判決は以下の点で「国民の学習権」論の発展的継承，現代的再構築の意義をもつ[17]。

　第一に憲法26条にもとづき「大人」の学習権を認定したことである。ここでは旭川学テ最高裁判決をふまえるとともに社会教育法２条，３条に即して「大人についても，憲法上，学習権が保障される」と判示し，社会教育における憲法的人権として「大人」の学習権を認める司法判断が確定した。

　第二に社会教育法３条１項，５条，20条，22条及び地方自治法244条３項にもとづき公民館を「公的な場」と規定し，職員の「公正」な取り扱い義務

を明記したことである。判決では，公民館は「住民の教養の向上，生活文化の振興，社会福祉の増進に寄与すること等を目的とする公的な場」であり，職員は「住民の公民館の利用を通じた社会教育活動の実現につき，これを公正に取り扱うべき職務上の義務を負う」と判示している。

　これまでの判例では，住民団体の施設利用をめぐって社会教育法23条の「特定の政党の利害に関する事業」に該当するかどうかの判断がなされているが，今回の判決では社会教育法の基本理念にもとづき公民館の目的機能，社会教育活動，職員と利用者・住民との関係が「公共」「公正」の観点からとらえられ，職員の取り扱いの違法性が判断された。「原告（俳句作者）が，憲法9条は集団的自衛権の行使を許容するものと解釈すべきではないという思想，信条を有していることが表れていると解し」，これを理由として「不公正な取り扱いをした」ことは「職員らの故意過失」も認められると判示した。このことは，社会教育施設で政策批判的な主張や表現を「公平・中立性に反する」として封ずる風潮に対して，「社会教育の自由」への揺るがない指針となる。

　第三に，俳句掲載を「公民館の利用を通じた社会教育活動の一環としてなされた学習成果の発表行為」と規定し，「住民の思想の自由，表現の自由が憲法上保障された基本的人権であり，最大限尊重されるべき」であり，「思想，信条を理由に他の住民と比較して不公正な取り扱いをすることは許されない」と憲法的人権に即して不掲載の違法性を判示したことである。俳句会という市民の文化創造の成果を公民館だよりに掲載するという表現活動への介入の違法性が裁判の争点となったことは学習権論の新たな展開を促した。

　従来の「国民の学習権」論でもっとも重視されたのは，真実の主体的な探究を根拠づける憲法23条「学問の自由」である。「表現の自由」との関連は必ずしも十分掘り下げられていなかった。九条俳句訴訟判決でも，学習権と表現の自由の明確な架橋はなされていない。「学習成果の発表の自由」は学習権ではなく「表現の自由として保障される」（一審）という判断を二審も引き継ぎ，「表現行為そのものが制限されたわけではない」（二審）として公民館だよりへの俳句掲載請求権は認められなかった。「学習権と表現の自由」の架橋は，さらに今後の検討課題として残されている[18)]。

他方，判決が「学習成果の発表」を「表現の自由」の範疇でとらえ，上記引用のように，最大限「思想の自由，表現の自由」が尊重されるべきと判示したことは，公民館の利用と公民館活動の新たな可能性を示したことになる。

　「学習成果」という用語は，2006年の教育基本法全部改正で創設された3条（生涯学習の理念）に「（学習の）成果を適切に生かす」という文言が挿入されたことを受けて，2008年の社会教育法改正により5条15項で「社会教育における学習の機会を利用して行った学習の成果を活用」することを奨励する新たな規定がなされた経緯がある。「自己教育・相互学習」として多様な立場・職種の人々の参加や多世代・多民族の交流が展開される社会教育の場では，利用者・住民による「学習成果の発表」と「活用」はきわめて多彩で地域社会全体への広がりをもつ。公民館だよりの編集参加や意見発表，ロビー展示や討論会・講演会などでの意見交換，公民館と地域団体・学校等が連携するボランティア活動など，「学習成果の発表」「成果を生かす」活動は近年の公民館の重点施策となっている。その過程で学習者の「思想の自由，表現の自由」が最大限尊重されるべきと判示した九条俳句訴訟判決は，改正後の教育基本法3条の解釈という点でもきわめて重要な意義をもたらした。

　九条俳句訴訟を支援する運動は全国に広がり，「表現の自由」をめぐる訴訟としてメディアの関心も高かった。原告弁護団は学習権論にもとづく社会教育法解釈を軸に，パブリックフォーラム論や「表現の助成」など，公民館だよりへの作品掲載を多様な視点から意味づけた。4年半の訴訟過程自体が市民の主体的な学びの場となり，「権利としての社会教育」の再創造を促した。

4．「現代的課題に関する学習」と学習内容編成

⑴　学習内容編成への住民参加と「学習の自由」

　1970年代以降，住民の学習要求を反映させた学習内容編成をめぐって，各地でさまざまな仕組みづくりが広がった。①学級講座の内容編成を公募の企

画委員会方式でおこなう，②平和・人権問題などの事業を必須事業と位置づけ住民参加によって企画する，③公民館利用団体の講座・講演会等の自主企画に対して共催事業・講師派遣などによる助成をおこなう，④公民館の運営体制として文化教養部や公民館だより編集委員会，利用者懇談会などを設置して住民との協働を推進する，⑤公民館祭りや体育・文化祭，公民館大会などを実行委員会方式で開催するなど，多様な住民参加の運営形態が定着している。公民館では住民参加を促すコーディネーター，支援者としての公民館職員の専門性を通じて施設運営の自立性・自治性が培われてきた。

　しかし，住民主体の社会教育の実現に対して，各地で自治体行政部局からの干渉や職員の不当配転などの問題が生じた。第13回長野県公民館大会（1964年）では「学習の自由を守ろう」という大会スローガンをかかげて，「教育の独自性と学習の自由を守る条件をつくりだす」ことを課題にすえた。草創期から確認されてきた「信州の公民館７つの原則」では「公民館の学習の主体は住民である，公民館の学習の中心は地域課題学習である」などがうたわれ，1981年には県公民館運営協議会で全県の公民館の共通課題として，①健康と公害，②同和教育，③地域課題にとりくむことを合意している[19]。

　県内各地で活発な公民館活動が広がり，県公運協「生涯学習時代における公民館のあり方」（1998年）では，「住民の学びの権利を保障する」「地域づくりに取りくむ住民の主体の形成」「住民運動の学習活動の側面から学び，住民と協働による学びの場づくり」などが提言された。子どもたちの農業体験，自然保護・産廃問題，福祉・介護，市街地活性化，戦争遺跡の保存，平和の構築，農薬汚染など，現代国際社会におけるSDGsの課題ともいえる学習内容について，グループ・サークル・住民諸団体との日常的なネットワークが形成されている。「地域の論争的課題」をめぐる「政治的中立性」についても「さまざまな意見や考え方を出し合い，それを話し合いで解決していく能力を養っていく」という積極的中立論が共有されてきた[20]。

　東京多摩地域の西東京市でも「生活課題や地域課題を見据え，地域づくりにつなげる視点」を重視し「課題解決に取り組む住民の主体的な学びを支援する事業」を基本方針にかかげて多様な立場・世代の参加を促す公民館活動

を推進している。「住民の学びを保障する社会教育機関」として，①学ぶことは憲法で保障された国民の権利，②全ての市民を対象に主催事業を行う，③自主グループによる多様な活動，④主催事業への参加・グループ活動も施設利用は無料，などの公民館の運営原則が明記され，住民参加の仕組みとして実行委員会，講座準備会（公募または受講生の参加），公民館市民企画事業，利用者懇談会，自主的学習の支援などをおこなっている[21]。

　なかでも市民企画事業は重要な柱である。「実施要項」（2007年）によると「市内にある自主的に学習するグループ（自主グループ）の学習の成果を地域に還元することにより，広く市民に多様な学習の機会を提供し，もって，より良い地域社会の創造を目指すことを目的とする」という趣旨で10年以上継続している。自主グループがさまざまな企画を申請し，審査を経て公民館との共催事業として実施するが，学習内容への介入はしないという原則が保持されている。具体例として，子育て・文化・レクレーションプログラムに加えて「流転—チェルノブイリ＆福島」（原発はいらない西東京集会実行員会），「戦争の体験を聞く会—15歳で出征した『海軍特別少年兵』」（九条の会他），連続講座「非軍事国家への道—そのリアリズムと戦略」（ピースナウ西東京），「公民館における市民の歴史学習について」（公民館をよりよくする会）など政治的・社会的関心を高める企画も数多く実施される。市の総合計画，平和都市宣言などの基本施策と連関し，「学びをとおした人づくり・地域づくり」にとりくむ公民館の先進事例として注目される。

⑵　「現代的課題に関する学習」と社会教育の「公共性」

　公民館事業として地域課題，地域づくりを重視する方針は，国の施策においても強化されている。1992年の生涯学習審議会答申「今後の社会の動向に対応した生涯学習の振興方策」では，①リカレント教育，②ボランティア活動の支援・推進，③青少年の学校外活動の充実，④現代的課題に関する学習機会の充実の4つの柱を打ち出し，「現代的課題」として「生命，健康，人権，豊かな人間性，家庭・家族，消費者問題，地域の連帯，まちづくり，交通問題，高齢化社会，男女共同参画社会，科学技術，情報の活用，知的所有

権，国際理解，開発援助，人口・食糧，環境，資源・エネルギー等」が例示された。答申では「生涯学習」理念に社会教育の「公共性」の視点を挿入し，「学習の成果を職場，地域や社会において生かす」という生涯学習の新たな意義づけがなされた。しかし2000年代以降の教育改革を通じて「自発的な学び」と「公共性」の関係をどうとらえるか，重要な課題が生じている[22]。

　第一に2006年の教育基本法改正で自発的な社会教育の根拠であった旧2条を削除し，正義と責任，公共心，我が国と郷土を愛するなど20を超える国家的教育目標がかかげられたことである。改正に向けた中教審答申「新しい時代にふさわしい教育基本法と教育振興計画の在り方について」（2003年）では，少子高齢化，自然との共生，多文化共生などの課題を見据えて，「新しい『公共』を創造し，21世紀の国家・社会の形成に主体的に参画する日本人の育成」をうたい，地球環境問題や人権問題など国境を越えた課題の解決」

　「自発的な活動への参加意識」「国づくり社会づくりの主体であるという自覚と行動力」など「公共心」の育成を重点課題としている。

　第二に教育基本法改正で12条（社会教育）と関連して13条（学校，家庭及び地域住民等の相互の連携協力）が新設され，学社連携が法制化されたことである。旧2条，7条及び社会教育法3条による環境醸成的社会教育行政を転換し，学校・家庭との連携による地域住民の役割，責任，協力（社会教育法3条3項，5条15項，9条7項「地域学校協働活動推進員」）の規定により，学校ボランティアなどの「学習成果の活用」が方向付けられている。

　第三に16条（教育行政）及び17条（教育振興基本計画）1項により国が教育振興基本計画を策定し，17条2項でそれを「地方公共団体が…参酌し，地域の実情に応じ，…基本的な計画を定めるよう努め」ることになった。2011年策定の第2期教育振興基本計画では「自立・協働・連携」を基軸とする「新たな社会モデルを実現するための生涯学習社会の構築」が目標にかかげられた。「絆づくりと活力あるコミュニティの形成」をめざし，「人のつながりや支え合い」「地域の課題解決」「地域コミュニティを活性化する教育」「多様なコミュニティへの配慮」など具体的な方策が示されている。

　これらの国家的施策は，少子高齢化で衰退の危機に直面する地域社会の活

性化にむけて社会教育施設の役割を強調しているが，他方で地方分権改革の
もとで社会教育施設が首長部局に移管され，教育機関としての自立性を失う
状況も進行している[23]。中教審答申「人口減少時代の新しい地域づくりに向
けた社会教育の振興方策について」（2018年）では地域活性化，防災，まち
づくりへの社会教育施設の役割を重視するとともに，首長部局移管を特例と
して認めることとなった。「地域課題の発見から解決」へ「学習の成果を地
域での活動に生かす」学習が国・自治体行政主導の啓発に包摂されるのか，
主権者としての自治的・自発的学びの過程として創造されるのか，「国民の
学習権と学習の自由」を保障する「学びの公共性」のあり方が問われてい
る。社会的格差や生きづらさが増大している現代社会において，「権利とし
ての社会教育」の新たな発展形態を模索することが課題である。

【註】
1）寺中作雄『社会教育法解説公民館の建設』国土社，1995年，p.25.（原著『社会教育
　　法解説』は社会教育図書株式会社，1949年）。
2）小川利夫「社会教育の組織と体制」小川利夫・倉内史郎編『社会教育講義』明治図
　　書，1964年，p.51，pp.62-63，pp.64-66，pp.79-81. 小川利夫「社会教育をどうとらえ
　　るか―権利としての社会教育」方法論序説」，「［補論］教育基本法『第7条』の国民的
　　解釈」小川利夫『社会教育と国民の学習権』勁草書房，1973年，など参照。
3）小川利夫「『社会教育』の基本概念」同上，小川，p.69.
4）文部省調査局審議課内教育法令研究会『教育基本法の解説』国立書院，1947年，
　　pp.68-69.
5）同上，p.69，pp.72-73.
6）同上，p.115.
7）碓井正久「社会教育の内容と方法」前掲，小川・倉内編『社会教育講義』，碓井正久
　　編『社会教育』第一法規，1970年，日本社会教育学会編『現代成人学習内容論』（日本
　　の社会教育第33集）東洋館出版社，1989年，参照。
8）小川利夫「住民の学習権としての社会教育」小川利夫編『住民の学習権と社会教育の
　　自由』勁草書房，1976年，p.67.
9）横山宏・小林文人編『公民館史資料集成』エイデル研究所，1986年，日本社会教育学
　　会年報『現代公民館論』（日本の社会教育第9集）東洋館出版社，1965年，千野陽一・

野呂隆・酒匂一雄編『現代社会教育実践講座』（第 1 巻～第 4 巻）民衆社，1974～1975年，など参照。

10）堀尾輝久「人権思想の発展的契機としての国民の学習権」前掲，小川編『住民の学習権と社会教育の自由』，p.31.

11）小川「住民の学習権としての社会教育」，同上，p.52.

12）堀尾，前掲，p.11.

13）藤岡貞彦「住民運動と住民の学習権」小川編『住民の学習権と社会教育の自由』，前掲，p.34，p.41.

14）堀尾，前掲，pp.21-27.

15）日本社会教育学会年報・藤田秀雄編『学習権保障の国際的動向』（日本の社会教育第19集）東洋館出版社，1975年，参照。

16）佐藤一子編『地域学習の創造』東京大学出版会，2015年，参照。

17）佐藤一子・安藤聡彦・長澤成次編『九条俳句訴訟と公民館の自由』エイデル研究所，2018年，佐藤一子『「学びの公共空間」としての公民館―九条俳句訴訟が問いかけるもの』岩波書店，2018年，など参照。

18）同上，佐藤『「学びの公共空間」としての公民館』，pp.37-40，参照。

19）長野県公民館運営協議会『長野県公民館活動史Ⅱ』2008年，p.79.

20）同上，pp.143-144，pp.266-270.

21）「西東京市の公民館利用案内」「公民館企画事業実施要項」（2007年），「令和 2 年度公民館市民企画事業の手引き」，平成31年度「西東京市公民館事業計画」，「西東京市公民館だより」（2020年度）など参照。

22）佐藤，前掲，『「学びの公共空間」としての公民館』第Ⅲ部，参照。

23）日本社会教育学会編『教育法体系の改変と社会教育・生涯学習』（日本の社会教育第54集）東洋館出版社，2010年，長澤成次『公民館はだれのもの―住民の学びを通して自治を築く公共空間』自治体研究社，2016年，など参照。

「学習の自由」と社会教育研究の課題
―九条俳句訴訟から―

姉崎 洋一

はじめに

　学習の自由とは，本来人間的自由の一つであり，何ものにも制約されない性質のものである。なんとなれば，人間は，学習することによってその可能性をひろげ，進化してきた存在である。しかし，人間的自由の一つたる学習の自由は，そのもつ広がりが故に，社会の規範性と鋭く対立する側面を有していた。

　たとえば，「読み書き能力」の獲得，さらに「自分の言葉」をもつためには，民衆にとってはたたかいが必要であった[1]。

　近代国家の組織された公教育制度は，一方において学校教育における知的陶冶と公民としての政治的教育によって，産業労働における労働者と軍隊における兵士を獲得してきた。しかし，そこには本来の人間的自由を抑圧する「規範」を自己承認させる国家的規制が随伴した。それを担うのが「教化」教育であった。しかし「教化」教育は，「学習の自由」とは相容れないものであった。従って，教化教育に対抗する自己教育運動においては，「学習の自由」とそれを保障する「教育の自由」を求めるたたかいが共に普遍的に見られてきた。しかし，その多くは，治安維持法等の国家的抑圧とそれに呼応した国民（皇国民）による監視によって，雌伏を余儀なくされた。

　日本においては，「学習の自由」と「教育の自由」の法的承認は，無謀な

「戦争」の「敗北」を待たねばならなかった。同じく，天皇制＝国体護持の教化教育の否定とそこからの解放を不可欠とした。

　第二次大戦後の「戦後教育改革」による憲法と教育基本法は，「学習の自由」と「教育の自由」の制度的保障を支え，個人や団体の思想表現の自由や選挙権の獲得，労働組合の組織化等の社会権的自由を拡大した。憲法26条の教育への権利は，学校教育の自由のみならず，社会教育の自由をも含意したものであった。旧教育基本法，学校教育法，旧教育委員会法，社会教育法は，一体のものとして読むことが求められた。軍国日本の敗戦（「敗北を抱きしめて」[2]）は，そのような，「教育の自由」のコペルニクス的転換を求めた。

　しかし，戦後「改革」の主体の成熟が不十分であったこと，米国の対日戦略の変化等により，日本の支配層の温存復活と冷戦構造によって，戦前的規範の復活を図る動きや，日米安保条約の制定（改訂）により，憲法的規範への否定の動きが組織されてきた。立憲主義，平和主義，国民主権，基本的人権の尊重等の基盤に揺さぶりがかけられてきた。その一つの政治的後退は，教育基本法の「改正」であった。しかし，憲法改正を意図する勢力にとって，憲法の存在が，それを容易にしない最後の砦になり，子どもの権利条約が大きな比重を占めることになった。憲法9条は，いまや，改憲と憲法を守るたたかいの結節点となってきた。その意味で，九条俳句訴訟は，学習の自由＝社会教育の自由をまもるたたかいであると同時に，日本国民の憲法意識の琴線にふれる訴訟でもあった[3]。

1．九条俳句訴訟裁判の意義

　日本の司法制度の度重なる規制によって，憲法訴訟は厳しい関門が存在している。学校教育においても，それは言えるが，社会教育においては，これまで憲法訴訟を掲げる事自体，難しかった「九条俳句訴訟」裁判は，その壁をこえて取り組まれた。

　第一は，社会教育における初の憲法裁判・教育法裁判というべきものであった。「公民館の職員が，住民の公民館の利用を通じた社会教育活動の一

環としてなされた学習成果の発表行為につき，その思想信条を理由に他の住民と比較して不公正な取り扱いをしたときは，その学習の成果を発表した住民の思想の自由，表現の自由が憲法上保障された基本的人権であり，最大限尊重されるべきものであることからすると，当該住民の人格的利益を侵害するものとして国家賠償法上違法となるべきである」（2018.5.18東京高裁判決，2018.12.20，最高裁棄却，二審確定）とした。

　第二は，公民館における「大人（市民）の学習権」（26条）の具体的保障を問う裁判（学習権，人格権）であった。

　第三は，「市民の表現の自由」を保障する社会教育施設（公民館）の自由，教育自治，政治的中立性，公共性を問う裁判であった。

　第四は，市民運動として，社会教育への「公平性」「公共性」を，憲法的権利として問う裁判（市民応援団，学会等の連絡会，弁護団）であった[4]。

２．憲法・教育法規範における学習権の現在

⑴−1　憲法学

　第一に，憲法26条に言う国民の教育を受ける権利は，単に学校教育における教育を受ける権利にとどまらず，広く国民の生涯にわたる教育と学習の権利，成人としての学びを保障するものであることを，単にプログラム的権利として名目的に確認するだけで良いのかが問われた。

　第二は，上記の憲法に言う「国民の教育を受ける権利」は，単に受動的な権利や，子どもの権利にとどまらず（兼子仁1978），現代においては，「教育への権利」（堀尾輝久1971，1974，2016），さらには国民一人ひとりの「生涯にわたる学習権」（小川利夫1976，佐藤一子2015，2017）あるいは，主権者になるに不可欠の権利ととらえるべきである（永井憲一1991）。その際，主権者教育の学びを担う中核的な教育機関の一つは公民館である。この公民館の責務を果たすには，公民館の教育性，自治性，それを担う職員の専門性が不可欠である。はたして，その権利を主張し得るのか，その実質が問われた[5]。

第三は，「教育の無償化」（憲法26条第2項後段）に関連した〈社会教育の無償制〉に対する憲法，教育法の学説についてはこれまでは，憲法上の争点にできてこなかった。図書館については，法的な無償性をうたっているが（第17条），公民館，博物館については，慣習に委ねられてきたのが実情であった。今回，裁判上の争点にはされなかったが，教育の機会の公平性の観点からは重要な論点である。しかも，この間の教育法学の進展との関わりで重要といえる。たとえば，学校教育について，「義務教育は，これを無償とする」の法解釈については，「無償化を立法裁量に委ねる立場が憲法学の通説的位置を占めていた」。

　しかし，教育法学の立場からは，憲法学の消極性に対して国際人権法の規範的理解を踏まえた，中等・高等教育段階を含めた「漸進的無償化義務」を憲法26条の「全体的な規範構造」において論証しようとする動きもでてきている。

　この学説的論争には，教育の機会均等理解を，貧困化の現実を踏まえた，人権としての無償性，人らしく生きるうえでの教育の無償化（高等教育，社会教育を視野に入れた）の学説構築が射程に入ってきているといわれる[6]。

　社会教育については，ユネスコの学習権宣言，主権者教育の立場をふまえて，学習権は，贅沢品ではなく，現代を生きるのに不可欠な権利，人間の尊厳と幸福を実現する権利，持続可能な社会に参加していく権利として「無償性」を再構築する必要がある。その意味で，従来の施設使用料，講座参加等の慣習法的，地域的無償性を超えて，人権論的に踏み込んだ理論構築が求められてきている。なぜならば，「無償性」は，公民館と博物館の公共性理解の根幹にかかわるからである[7]。

⑴-2　教育法学

　憲法学の敷居の高さもさることながら，教育法学の立論も，これまでどちらかと言えば，「学校教育法学」の域を超えることはなかった。しかし，学校の自由が市民の学習の民度に支えられる点では，社会教育の学びの自由は鍵的な役割を担っているといえる。この間，教師や教育委員会によってつく

られてきた「学校の壁」を指摘する，教員と生徒と保護者による学校づくりの進展がある。それを支える一翼は，市民の学習による権利の自覚である。その意味で，公民館における俳句の創造・表現を保障する学びの自由の自覚は，大人（市民）の主権者としての教育への権利の自覚であり，その理論構築は，教育法学にとっても新たな挑戦を意味した[8]。

　すなわち，第一は，俳句を「公民館だより」に掲載することは，「社会教育活動の一環としてなされた学習成果の発表行為」（二審判決）である。

　この意味することは大きい。公民館の教育機関としての施設運営，専門職役割，住民参加原則は，社会教育活動の上に成り立っている。俳句の発表を教育機関として，住民参加と専門的な審査を経て，「公民館だより」（公民館報）に掲載することは，教育機関としての見識である。法において規定されてきた。社会教育法5条（市町村の教育委員会の事務）と同法22条（公民館の事業）の区別と関連の理解とは，公民館の事業を支えるのが市町村の教育委員会の責務であることが前提であり，妨害したり干渉したりすることではない。さいたま市が，「公民館だより」の発行権限を同法22条ではなく，同法5条をのみ根拠とする立論をしたことは社会教育の本質の無理解・意図的な誤読である。そして，社会教育関係団体の活動の学習成果（九条俳句）の内容を，一職員の政治的忖度（政治的中立性）から恣意的に判断し，また当該公民館長を越えて教育長から不掲載を通知したことは，同法16条にいう「不当な支配」，同法12条にいう「社会教育関係団体」への「不当」な「統制的支配」ないしは「干渉」に相当し，社会教育の自由を圧殺する行為であると言わなければならない[9]。

　第二は，公民館の教育機関としての自治性，自律性（公民館運営審議会）の問題は，判決では明示されなかったものの，公民館の教育の自由や自律性，自治性は，公民館運営審議会に託されている重要な使命である。このことは，裁判官の社会教育理解の限界を示すものであった。さいたま市は，自ら設置した「公民館運営審議会」の答申に真摯に学ぼうとしなかった。そのことは，設置者としての責務の放棄であり，怠慢を示すものである。公民館運営審議会の答申を生かして公民館の運営を行うという設置者義務違反である。

第三は，職員の市民に対する公平性，思想信条の自由，表現の自由の尊重義務は，職員の専門職としての識見に由来するものである。判決は，意見の対立があることに対して，職員が恣意的に「思想信条を有していることが現れていると解し，これを理由として不公正な取り扱い」をするのは「故意過失も認められ」「許されない」（二審判決）とした。

　俳句創作は，芸術表現活動に相当し，社会で生きている人間が主題を「実際生活に則して」自由に選ぶことは当然に想定されることであり，また作品は作者の手を離れれば自由な解釈の対象となるものである。それを「野暮で文化的に貧しい」（金子兜太，東京新聞8.17）「政治的尺度」判断で，原告作者の人格を毀損したことは許されない。芸術表現活動に対する無知蒙昧はそれにとどまらず，公民館の「公平性・中立性」理解の無知蒙昧と連動するものである。

(1)-3　判例

　第一に，今回，旭川学テ最高裁判決（1976.5.21）については，「判決」は，直接は，言及しなかった。旭川学テ最高裁判決は，教育権の所在と，学習指導要領の法的拘束性について「大綱的基準」を示しつつ，一定の判示をしめしたものであった。教育権の所在については，「国家の教育権」も「国民の教育権」のいずれも取らず，子どもの学習をする固有の権利を認め，教師の教育の自由については，一定の範囲において存在するが，同時に合理的範囲において制限されるとするものであった。その後の，憲法26条解釈にとって重要な意味をもった判例である[10]。九条俳句訴訟において，原告はこれを踏まえて，「大人の学習権ないし社会教育の自由」の立論をしようとした。憲法論としては，表現の自由（憲法21条），人格権（憲法13条），学問の自由（憲法23条），教育を受ける権利（憲法26条），教育行政の中立（教育基本法16条），学習の自由（社会教育法12条）をあげ，今回の場合，とくに，大人の「学習権」と「表現の自由」が深く問われているとした。

　裁判では，この点で，専門家意見書も提出され，一つには，この間の「市民の学習権と社会教育」の発展の思想，大人の学習権法理，公民館報の独自

性が示された[11]。また，二つには，「表現の自由」については，憲法論との関わりで社会教育における「表現の自由」が論じられた[12]。とくに，各地の社会教育施設や公的施設において，「政治的」を理由とする展示不許可，中止が相次いだことも背景にあった[13]。

　社会教育の場合，このような立論を明確にするためには，いくつかの前提が必要である。国家の学校教育に対する法的規制（内容＝内的規制は学習指導要領，基準＝外的規制は，学校教育法及び施行規則）と社会教育の法的規制（内容＝社会教育の自由を守る専門職の未整備，外的規制については，社会教育法の「基準」の規制緩和，例えば，指定管理者の拡大）とでは，その「国家的関与」の方法が異なっているからである[14]。

　そして，第二に，船橋図書館最高裁判決（2005.7.14）が，判決において影響を与えたことは，社会教育の自由については，「図書館の自由」について先行する理解があったことが大きい。図書館の自由を守るためには，図書館の公共性，公平性が前提とされていたからである。従って，公民館の職員の公平性が，「独断的な評価や個人的な好み」によって，左右されない論理は，「図書館の自由」理解に負うところが大きい。そして，それを踏まえれば，社会教育職員の社会教育施設の公共性理解が重要であることを，判示したことは，重要である[15]。

3．今回の裁判における争点
—おとなの「学習権」と「社会教育の自由」の認定をめぐって

　子どもの学習権については，すでにふれたように，学校教育の上で裁判上蓄積がある（旭川学テ最高裁判決）。しかし，「大人の学習権」と「社会教育の自由」についての裁判上の判例はない。したがって，これを争点にすることが，原告・弁護側のねらいでもあった。

　裁判では，この点について，裁判官は触れることはなかった。だが，民主主義の成熟において，市民の学習権保障問題は，避けては通れない問題といえる。

　ここでは，そのための予備的論題を整理しておこう。

① 　大人の学び—「個人の学び」と同時に「ともに学ぶこと」を保証する—

公民館での学び，「学習の公共空間」づくりは，社会的認知を受けているのか。憲法にいう，「すべて国民は」「ひとしく」教育を受ける権利は，現代社会において，「贅沢品」ではなく，人間らしく生きていく上で必要であることを，社会権や文化的生存権の法理と重ねて立論できるようにすることである[16]。

② 市民の学びにおける「表現の自由」は，政治・芸術学習のありかた，政治的中立性の確保の成熟と不可分である。いまやひとにぎりの芸術家・専門家が，「表現の自由」を独占的に論ずる時代ではない。あいちトリエンナーレ問題に象徴されるように，「表現の自由」は，すべての市民の「自由」と連動する問題である[17]。

③ 市民の「文化創造活動」－句会における俳句つくりと選評は，地味なようであるが公民館の公共性と文化性の証となるものである。

④ 「学習の成果の発表」（句会選出・推薦）＝「公民館だよりの掲載」の公民館と学習団体との相互確認の共同的慣習以外の，政治的配慮は，公平性に反することを確認したことは大きな成果である。

⑤ 社会教育法・地方自治法の理解が，社会教育の自由に関わる「政治的中立性」（教育基本法16条）「不当な差別的取扱い」の禁止（地方自治法244条3項）を，裁判でも確定したことは大きな確認である。

⑥ 社会教育職員の権能，専門的資質については，あまりにレベルが低いことが明白になったが，その質の保証の確保は，理論的にも実践的にも検証されて行かなければならない。

4．小結

第一に，人々の「学びの保障」を，「学校」の役割の再確認とともに，「学校」を超えて，「学校」以外の学びの空間や機会をどのように保障していくかを，憲法・教育基本法において，あらためて確認したことは大きい。

第二に，これらを保障する上での，「社会教育の権利」（公民館，図書館，博物館を含めあらゆる場での学習の自由）は，「学習権」として生きる上で不可欠で譲ることのできないものであり，人間的な幸福追求権（憲法13条）

と一体のものとして考えることが求められている[18]。

　第三に，社会教育の法と制度の解体，破壊に対しての多様な取り組みが，決定的になっている。市民教育・主権者教育（citizenship education）では，あらためて「枚方テーゼ」（1963）の再定義が必要になっている。

　本稿は，社会教育学会のプロジェクト研究での報告をもとに，再構成したものであることを，御海容願いたい。

【付記】
＊九条俳句訴訟判決とは，以下である。
地裁（2017.10.13）判決，高裁（2018.5.18）判決，最高裁（2018.12.20），棄却，二審確定。

【註】
1）リチャード・ホガート『読み書き能力の効用』晶文社，1986年，セリーナ・トッド『ザ・ピープル；イギリス労働者階級の盛衰』みすず書房，2016年。日本では，基礎教育保障学会が，従来の識字教育，日本語教育，夜間中学等の理論と実践を，多様な視点で討議している。
2）ジョン・ダワー『敗北を抱きしめて』岩波書店，2001年
3）たとえば，久保田和志「九条俳句訴訟と市民の学習権・公民館の自由」『教育法学会年報』46号，2017年，79-87頁，有斐閣，佐藤・安藤・長澤編『九条俳句訴訟と公民館の自由』エイデル研究所2018年を参照。恒川恒正は，「九条訴訟という錯綜体」（『憲法解釈権力』勁草書房，2020年）において，憲法学者の深瀬忠一の長沼訴訟をとりあげ九条を憲法論で論じる視角を指摘している。
4）前掲『九条俳句訴訟と公民館の自由』及び，佐藤一子『「学びの公共空間」としての公民館―九条俳句訴訟が問いかけるもの』岩波書店，2018年，参照。
5）この点では，あらためて，小川利夫社会教育論に学び，それを継承発展させる必要を感じた。（同社会教育論集全8巻，『社会教育と国民の学習権』ほか），片野親義『国家と社会教育と公民館』2016年が，五十嵐顕の「国家と社会教育」を意識して，論じたように，新たに続く必要があろう。
6）今野健一「教育の無償制の諸論点」『教育法学会年報』第48号，2019年，及び田中秀佳「教育の無償化政策動向と制度原理」同号参照。
7）たとえば，山崎真秀『憲法と教育人権』第4章「社会教育と市民の教育人権」勁草書

房，1994年参照。

8）例えば，姉崎洋一「地球市民教育と主権者教育の結合の理論と実践課題」大学評価学会報告，北海道大学，2016年5月15日，及びガート・ビスタ『民主主義を学習する』勁草書房，2014年。

9）例えば，佐藤一子『公民館の「公平・中立性」と学習権・表現の自由』『季刊教育法』195号，2017年12月，pp.76-81.

10）例えば，市川須美子「最高裁学テ判決40年の総括」『教育法学会年報』第46号，21-37頁，2017年

11）専門家意見書では，堀尾輝久「市民の学習権と社会教育」2016年9月27日，右崎正博「公民館だよりへの九条俳句不掲載と表現の自由」2016年9月27日，長澤成次「公民館だよりと地域住民の学習権保障」2016年10月1日，姉崎洋一「学習権保障と公民館」2016年10月29日，佐藤一子補佐人陳述書2016年12月6日，この内堀尾輝久と姉崎洋一は大人の学習権について，教育思想，成人学習論の観点から論及している。

12）注11右崎正博専門家意見書及び右崎正博他『表現の自由とプライバシー』日本評論社，2006年参照。

13）たとえば武居利史「美術館における「表現の自由」」，『九条俳句訴訟と公民館の自由』エイデル研究所，2018年，pp.102-105.

14）姉崎洋一「地教行法等の改定と社会教育ガバナンス」日本教育行政学会編「日本教育行政学会年報41政治主導改革と教育の専門性」教育開発研究所，2015年，pp.185-189.

15）西河内靖泰「図書館の自由を守る」注13文献，pp.94-101.

16）「ユネスコ学習権宣言」（1985年）については，社会教育・生涯学習分野のみではなく広く学校教育分野でも知られるようになった。それを単に宣言にとどめるのではない，理論深化が求められている。

17）内野正幸『表現・教育・宗教と人権』弘文堂，2010年，及び志田陽子編『「表現の自由」の明日へ　一人ひとりのために，共存社会のために』大月書店，2018年参照

18）渡部昭男は，高等教育の権利を憲法26条だけではなくて，13条と重ねてとらえるべきとしているが，社会教育においても同様の論及が必要である。渡部昭男『能力・貧困から必要・幸福追求へ』日本標準ブックレット No.21，2019年

表現の自由と知る権利をめぐる課題

―学習の自由のために―

小林　繁

はじめに

　本稿の意図は，表現の自由を考える上で知る権利（自由）との関係が極め
て重要であり，それが学習の自由と権利の認識を深めていくためにも不可欠
な論点であることを明らかにすることにある。

　この間，全国各地で特定のテーマを扱った市民の学習文化活動や表現活
動，講演会等のイベントなどに対して，自治体当局が公共施設の提供や後援
を拒否するなど，様々な規制の動きが広がってきている。2014年にさいたま
市の三橋公民館で起きた，俳句サークルで互選された作品が公民館だよりに
不掲載となった問題も，そうした動向の中で起きた事案であった。さらに
は，2019年に名古屋市で開催された国際芸術祭「あいちトリエンナーレ
2019」での，企画展「表現の不自由展・その後」が開幕からわずか 3 日間で
中止に追い込まれたことは記憶に新しい。

　このような自治体の対応は，表現の自由と知る権利そして学習の自由と権
利を侵害する行為にほかならないという問題視角から，それらの対応に内在
する問題点について検討していく。その際，特に表現の自由と知る権利との
関係に焦点を当て，それが学習権保障の課題，学習の自由を守り発展させて
いく課題に直結していることを論証したい。というのは，上述のような事案
における問題が指摘される際に，表現の自由に比して，知る権利（自由）の

重要性やその課題については，必ずしも十分に位置づけられていないのではないかと考えるからである。例えば，三橋公民館の事案に関して，知る権利（自由）について直接言及したものはほとんど見当たらない。また，図書館や美術館の関係者からは，それぞれの施設運営の原則において知る権利（自由）の重要性についての指摘はあるものの，そのことが三橋公民館の問題と直接どう関わるのかについての具体的な説明はなされていない。

　結論を先取りしていえば，表現の自由と知る権利（自由）は不離一体の関係にあり，表現の自由を論ずる際には必ず知る権利（自由）がその前提にあるということである。その意味からいえば，先の「表現の不自由展・その後」は，まさに「知る不自由展・その後」であったということができるだろう。そしてこのことは，必然的に学習の自由，さらに学習権保障の課題へと連動していく。

1．表現の自由と知る権利の相互補完性

　一般的に知る権利とは，知る自由，つまり人々が様々な知識（情報）を得ることを公権力等によって妨げられないという意味での自由権だけではなく，あわせて国や行政に対して情報の公開を求めることができるという意味での社会権であると理解されている。本稿で知る権利（自由）と表示しているのは，この両方の意味を表わすためである。

　さらに知る権利（自由）において重要となるのは，それが表現の自由と相互に結びついているということ。つまり「表現の自由は，その表現を受け取る自由の保障なくしては，意味がない」[1]といわれるように，密接不可分な関係にある，換言すれば，表現の自由という表現する当事者の権利は，同時にそれを受け取る側の知る権利（自由）と相互的で相補的な関係にあるということである。なぜなら，憲法学者の奥平康弘が論証しているように，表現の自由とは「歴史的には主として言論・出版その他の表現行為をなす自由，つまり表現の送り手の側に保有されるべき自由として理解されてきた」が，同時に「もともと表現行為は，意思・情報を伝達しようとする送り手と，この伝達をうけとる受け手とのあいだの関係を前提とする観念である」[2]（傍点

原著）からである。

　そしてその関係は日本国憲法に反映されているとして，奥平は，憲法の条文には直接知る権利に言及したところはないが，「国民主権の原理および表現の自由をはじめとした精神活動にかんする基本的人権の保障規定にてらし，国民に知る権利がそなわっていると解することに，うたがいをさしはさむ余地はない」[3]と論断している。そのことは，同じく憲法学者の芦部信喜が，知る権利は「憲法的には，表現の自由の現代的発現形態」であり，それゆえこの権利は「広義の表現の自由の一形態として，まさにそのような性格をもつ権利と考えるべきであろう」[4]と主張していることからも理解できる。

　この点を三橋公民館の事案にひきつけていえば，問題とされた俳句が公民館だよりに掲載されなかったことは，作者の表現の自由だけではなく，公民館だよりの読者の鑑賞の権利＝知る権利（自由）をもあわせて侵害したということを意味する。知ること（芸術作品を鑑賞すること）によって，それに対する賛否や評価の高低等の判断ができるのであって，当然知らなければその判断ができなくなるからである。

　ここから，表現の自由と知る権利（自由）との関係の重要性が浮かび上がってくる。つまり，表現の自由と知る権利（自由）を保障するために行政に求められるのは，可能な限り満遍なく情報を収集・提供するとともに，多様な意見が自由に表現できる公共的な空間や機会そしてそれを支える媒体（メディア）を提供するということである。

　ここでいう「公共的」とは，国家や行政が介在することに由来する「公的な」（official）といった意味だけではなく，公共の利益や福祉など，全ての人に共通に関わる（common）という意味，そして全ての人に開かれている（open）という意味で「誰もがアクセスすることを拒まれない空間や情報など」[5]を指している。そしてこの公共性が具体的に発現される場が「公共的空間」であり，それは，社会を構成するあらゆる人に開かれているという意味で，人々が相互に関わり合うことができる空間であるといえる。つまり「公共的空間」とは，齋藤純一が言うように「自らの『行為』と『意見』に対して応答が返される空間」（傍点引用者）であって，「集合的な表象が個々の『行為』や『意見』とは無関係に投げ返される空間ではない」[6]からであ

る。したがってその空間においては，市民一人ひとりが自由に意見を出し合い，それを互いに受け止めながら議論することを通して「公論」としてコンセンサスを得たり，あるいはそれぞれの意見の隔たりや対立を違いとして認め合う営みが展開される。

　そのような営みは，J.ハーバーマスが説くように，市民によって常に問い返され，民主主義的な議論が保障される「市民的公共圏」とそれを支える自由な「コミュニケーション的行為」，そしてそのためのシステムがあって初めて可能となる。[7]さらにハーバーマスは，この「コミュニケーション的行為」によって「世界のあるものについて了解しあうことを通じて，社会集団への帰属性とともに自己のアイデンティティを形成し，確認し，更新するような相互行為に同時に参加している」[8]と述べている。つまり，「コミュニケーション的行為」とは，「市民的公共圏」を維持し，支える「相互的行為」であるがゆえに，表現する行為それ自体が常に他者（内なる他者も含む）との関係を前提とするということである。

　とすれば，そこにおける表現の自由とは，「『送り手』と『受け手』との双方から成り立つコミュニケーションの関係そのもの」（傍点引用者）を指すことになる。それは，つまり「『送り手』の権利・自由が保護されねばならないと同程度に，『受け手』の権利・自由も保護されなければならない」[9]ということ，それゆえ「表現行為にたいする国家権力の侵害は，したがって，送り手の側の表現する自由への侵害であるばかりでなく，同時に，受け手の側の表現をうけとる自由への侵害を意味する。」[10]（傍点原著）という奥平の指摘は重く響く。

２．図書館および芸術文化における知る権利と自由

　上述のように表現の自由と知る権利（自由）との関係を考える際に，特に知る権利（自由）からの重要な示唆と知見を提示してくれるのが，図書館運営の取り組みである。いうまでもなく，図書館はあらゆる情報だけでなく，思想や価値に関わる多種多様な資料を収集し，提供することを役割としているわけであるが，その役割を果たす上での基本的指針として作られたのが

「図書館の自由に関する宣言」（以下，「宣言」と略す）である。特定の資料に対して権力による制限や圧力が加えられてきた歴史への反省を踏まえて「宣言」は，冒頭で端的に次のように述べている。「国民主権の原理を維持し発展させるためには，（中略）表現の自由の保障が不可欠である。知る自由は，表現の送り手に対して保障されるべき自由と表裏一体をなすものであり，知る自由の保障があってこそ表現の自由は成立する。」（傍点引用者）。

　そのことをふまえて，「宣言」は「図書館は，国民の知る自由を保障する機関として，国民のあらゆる資料要求にこたえなければならない。」と規定している。つまり，資料を収集・提供することは，人々の知る権利と学習の自由を保障していくという，図書館本来の役割に根ざしていることを明示しているのである。とすれば，この考え方は，図書館にとどまるものではなく，公民館も含めて地方自治体が管理・運営する公共施設の性格を勘案すれば，その運営に際しては同様に適用されなければならない。さらに「宣言」の中にある「多様な，対立する意見のある問題については，それぞれの観点に立つ資料を幅広く収集する。」という原則に則って資料を収集し，提供することは，図書館（そしてその運営主体である地方自治体）がその資料内容を支持することを意味しないと同時に，「多様な，対立する意見」があるような資料については，公平に収集・提供しなければならないことを意味する。そしてそのためには，「個人・組織・団体からの圧力や干渉によって収集の自由を放棄したり，紛糾をおそれて自己規制したりはしない」ことが肝要となるのである。

　「図書はその作者（著者）の形を変えた姿である」[11]とすれば，俳句も同様であろう。つまり，図書や俳句，美術作品なども含めたあらゆる表現，さらにいえばメディアなどの媒体は，社会の多様な価値観を反映してその内容も様々であり，そこには価値的な対立や論争を内包するものも当然含まれることになる。こうした多様な内容や価値を認め合うと同時に，それらの是非について国や行政が裁判官や検閲官として判断を下すことがあってはならない。表現の自由と知る権利（自由）から導き出されるのは，そのような多様な内容の評価や価値の判断は「思想の自由な市場である社会にゆだねる」[12]という基本的な考え方と原則である。

この点から考えて，行政が支持あるいは不支持と受け止められることを恐れて特定の表現作品を排除するといった「自己規制」を行うことは，行政自らが人々の表現の自由と知る権利（自由）を剥奪するに等しいといっても過言ではない。かつての富山県立近代美術館そしてそれと連動した同県立図書館の対応をめぐる問題は，そのことを端的に示している。この問題は，1986年に同美術館が展示した版画作品の中にコラージュとして昭和天皇の写真が裸婦などといっしょに使われていることを県議会などが問題視した結果，美術館がその作品を非公開としたことに端を発している。しかも問題は美術館にとどまらず，その作品を掲載した図録の提供をめぐる同県立図書館の対応の問題へと波及していく。

　当初図書館は，混乱を恐れてこの図録を非公開としたが，市民の要望や日本図書館協会からの批判を受け，館内に限定して公開するものの，その図録が公開当日に一人の利用者によって破られ，閲覧ができなくなるという損傷事件が発生する。これに対して，市民の知る権利を保障する観点から図書館は再度美術館に同じ図録の寄贈を要請すべきであったにもかかわらず，その要請をしなかったのである。それに加えて美術館も，問題視された作品を非公開としただけでなく，その後「管理の障害」を理由にしてその作品を売却するとともに，販売を中止していた図録すべてを焼却処分にするという対応をとってしまったのである[13]。

　いうまでもなく，このことは，作品と図録の双方を見ることができなくなったという点で，重大な知る権利（自由）の侵害が行政の手によって行われたことを意味する。しかも，これと同様の問題は，その後他の美術館などでも生起してきており，先述の「表現の不自由展・その後」もこうした流れの中で起きた事案である。そのことは，富山県立近代美術館で問題視された作者の作品が「表現の不自由展・その後」で展示されたことで，同じように問題の対象とされたことからもうかがえる。

　以上のような問題状況のもとにあって，ある美術館の学芸員が，「美術館に限らずではあるが，公権力の『自由』な裁量の拡大により，恣意的に『表現の自由』の範囲が狭められ，人々の『知る権利』が制限されていくことに対して不安を禁じ得ない。」[14]と書いているが，その「不安」は現実のものと

なってきているといわざるをえない。

３．学習権としての表現の自由と知る権利

　既述したように，表現の自由と知る権利の保障には「送り手」と「受け手」の相互の自由なコミュニケーションが前提であるとすれば，そのコミュニケーションを可能とするのは，いうまでもなく学習である。つまり，表現することに不可欠となる知識（情報）や技術等の習得だけではなく，ユネスコ学習権宣言に謳われているように「想像し，創造する」力を育成していくためにも，学ぶことが必須となる。だからこそ学習が権利であり，その前提として学習の自由の確認が肝要となるのである。そのことについて奥平康弘が，知る権利は「国民主権の憲法原理を体現した，それ自体固有独自の権利として理解すべきである」が，しかし学習権と知る権利は「あい交わることにない無縁別個のふたつのもの」ではなく，「公民館，図書館などの文化施設の設置運営は（中略）自由でゆたかな情報の流れを形成し確保する役目に任ずる」という意味において「学習権と知る権利は重複している」[15]と論じている点は注目に値する。特に社会教育においては，知る権利と学習権は限りなくイコールに近い。つまり，自ら学ぶためには必要となるあらゆる情報や知識にアクセスすると同時に，それにもとづいて自らを表現していくという一連の学習の営みの流れを見る時，表現の自由＝知る権利と学習権とが「重複している」といえるのではないかということである。

　このような論点は，堀尾輝久が「『国民の知る権利』は，広く『国民の学習権』の一つのコロラリー」[16]であると述べていることとつながってくる。堀尾は，学習権は「人間が人間である限り譲り渡すことのできない権利」という意味で「基本的人権の一つであり」，それゆえ学習権は人々の生涯にわたっての「『真実を知る権利』，『探求の自由』として確立される必要がある」[17]ことを力説している。そこで刮目すべきは，「国民の学習権」は「とりわけ市民の学習権として，その主権者としての自覚と，それを裏づける政治的学習を中心とするといってよい」として，次のように主張している点である。すなわち，「それ（市民の学習権－引用者）は，主権者国民としての，

その主体性を支える教養への権利，政治的あるいは公的情報に近づき，それを知る権利を含んでいる」[18]と。つまり，市民の学習権は，政治的学習を通して主権者としての主体性を支える教養を獲得する権利，政治的・公共的な情報へアクセスできる権利を内包しているということである。

　ここでいう主権者としての「主体性を支える教養」や「政治的あるいは公的情報」とは，教育基本法第14条に明記されている「政治的教養」と重なってくる。「良識ある公民として必要な政治的教養は，教育上尊重されなければならない」というこの条文の趣旨は，民主主義社会を支えていく上で「政治的教養」が不可欠であり，そのための政治教育が重要な役割を担うことが求められていると解釈ができるわけであるが，そのことは，何よりもこの条文が作成された時期の文部省（当時）の解説に示されているだろう。「新憲法は，（中略）真の民主主義政治の実現のための法的な基礎を築いたのであるが，この基礎の上に新国家建設の実をあげるためには，国民ひとりびとりの教養と特性の向上が根本条件である。とりわけ国民の政治的教養と政治的道徳の向上がよき民主政治が行われるためぜひとも必要である。（中略）政治教育というのは，このような国民に政治的知識を与え，政治的批判力を養い，もって政治道徳の向上を目的として施される教育である。」[19]（傍点引用者）

　現在の教育基本法は，2006年に多くの反対意見や批判が出される中で「改正」されたが，第14条については旧法（第8条）とほとんど変わっていないことから，旧法の条文の趣旨は「改正」後の現在も変更されていないと解釈される。そうした点で，この解説の持つ意味は重い。なぜなら，同じく解説が警告しているように，政治的教養が教育上尊重されなければ，「民主政治は，あるいは衆愚政治に堕し，ひいては独裁政治を招くことになりやすい」からである。このように教育基本法が，政治教育の重要性を強調していることから考えれば，公民館等の社会教育の施設・機関が市民の政治的教養を高める学習支援を行うことは，教育基本法の規定からも当然求められてくるということである。

４．学習権を保障する社会教育行政の課題

　これまでの論考から，表現の自由と知る権利（自由）が保障されること
で，自由なコミュニケーションが可能となるよう，人びとの学習文化活動を
援助し，そのための条件を整備する，つまり「環境を醸成する」（社会教育
法）責務を担う社会教育行政の課題が浮かび上がってくる。その社会教育行
政の役割を考える時，三橋公民館の事案は，本来公民館が奨励すべき学習と
しての自己表現活動（俳句）の発表の機会を公民館が奪ってしまったという
意味で，重大な学習権の侵害といえる問題であることは，先に述べた通りで
ある。しかも公民館だよりは，学習文化活動の様子やその成果を伝え，それ
を通して市民の学びと交流のネットワークを広げる媒体（メディア）である
ことを勘案すれば，学習権の侵害は，作者個人や俳句会にとどまらない。学
びの交流とは，当然のことながら公民館だよりの読者である市民との交流も
意味しているからである。
　このことについて佐藤一子は，公民館は「地域内で『応答が返される』関
係を創り出すことを目的とする『公共空間』」[20]であり，そのための「媒体」
としての公民館だよりのもつ重要な役割を指摘する。そして「九条俳句不掲
載損害賠償等請求訴訟」の裁判を通じて，学習の成果としての俳句を公民館
だよりに掲載することは，「俳句会に対して表現の場を支援するのみなら
ず，地域住民にとってもその鑑賞行為が促され，学習成果の共有が図られる
という公民館の学習の営みが法的に意義づけられた」[21]ことを意味すると述
べている。なぜなら，「みずからが表現の主体になること，意見表明や学習
成果の発表をおこなうことが学習過程としてきわめて重要で本質的な意味を
もっている」[22]からである。
　「みずからが表現の主体になる」ような学習の支援が社会教育行政の本来
の役割であるとすれば，その役割を考える際に問われてくるのが，「政治的
中立」という論点（issue）である。ここでいう「政治的」とは，一般的に
特定の政党や党派の主義・主張に対する賛否やそれらの利害に関わる内容を
指すと推測されるわけであるが，本来「政治」（politics）とは，そのような

意味に矮小化されるものではない。政治学者の岡田憲治の言葉を借りていえば，それは，自分のまわりの世界に対する解釈や「世界はこうあって欲しい」と願う気持ちを言葉や様々な媒体によって表現することを通じて自己の価値判断を他者に示すこと。すなわち，「世界に対する自分の立ち位置を部分的に開示すること」[23]（傍点引用者）であるといえる。いうまでもなく，私たちは，常に世界と向き合って生きているからである。その意味でいえば，私たちのまわりにあるもの全てが政治であるといっても過言ではない。しかも教育基本法が，政治的教養と政治教育の重要性を謳っていることは既述の通りである。

　行政が，「政治的」というラベリングによって恣意的に「賛成」あるいは「反対」という構図のステレオタイプをつくり，そこに「中立」という価値軸を持ち込むこと自体が，表現の自由および知る権利（自由）を侵害する行為にほかならない。「俳句不掲載は違法」との判決が出された「九条俳句不掲載損害賠償等請求事件」の東京高裁判決（確定）では，表現の自由の侵害については認めなかったものの，「対立する世論の一方の意見を掲載すると公民館や行政の中立性，公平性が損なわれる」という，被告であるさいたま市の主張に対して，「ある事柄に関して意見の対立があることを理由に，公民館がその事柄に関する意見を含む住民の学習成果をすべて本件たよりの掲載から排除することは，そのような意見を含まない他の住民の学習成果の発表行為と比較して不公正な取扱いとして許されない」（傍点引用者）とした点は重要であろう。争点は「中立」ではなく，「公正」という原則にある点を明示したからである。つまり，原告である市民の俳句の内容について他の市民との間に意見の対立が生じたとしても，そのことが行政による俳句不掲載という措置を正当化する根拠にはならないとの判断が示されたのである。その判断は，また「公民館の職員が，住民の公民館の利用を通じた社会教育活動の一環としてなされた学習成果の発表行為につき，その思想信条を他の住民と比較して不公正な取扱いをすることは許されない」としたところにも同様に示されている。

おわりに

　行政が「中立」を名目に，政治的に偏らない判断をするなどということは不可能であり，そうでなければ，何が政治的であるかを誰が決め，それが正当であるかをどのように決定するのか，というアポリア（解決の糸口が見出せない難問）に逢着してしまうことになる。であるとすれば，行政のなすべきことは何か。それは，つまり全てが政治的であるから，それらを全て公正に受け入れること，そして誰にでも開かれた議論が可能となるような「言論舞台を整備する」[24]ということである。

　この「言論舞台」は，「公共的空間」や「市民的公共圏」において不可欠なものであり，そこでは市民一人ひとりが自由に意見を出し合い，討論することを通して「公論」として一定のコンセンサスを得たり，あるいは互いの意見・価値観の隔たりや対立を違いとして認め合う営みとしての学習が展開される。そのための「環境を醸成する」ことこそが，社会教育行政に求められる本来の責務であり，役割であろう。したがって，そこにおいて基本的に問われるのは，表現の自由と知る権利（自由）がきちんと保障されているかということ，すなわち，その「環境」の中に学習の自由が必須の要件として明確に位置づけられ，それが有効に機能しているかを常に問うていくことが求められるということである。

【註】
1 ）松井茂記『図書館と表現の自由』岩波書店，2013年，pp. 2 - 3
2 ）奥平康弘『表現の自由とは何か』中公新書，1970年，p.109.
3 ）奥平康弘『知る権利』岩波書店，1977年，pp.28-29.
4 ）芦部信喜「『知る権利』の理論」内川芳美・他編『言論の自由』東京大学出版会，
　　1974年，p.11.
5 ）齋藤純一『公共性』岩波書店，2000年，p.18.
6 ）同上，p. vii.
7 ）ハーバーマスは，20世紀以降の高度に発達した市場経済による大量消費社会において

は，巨大資本とメディアによる富と権力および情報の占有と支配を通して公共圏が「再封建化」されるという「公共性の構造転換」がなされたととらえ（細谷貞雄訳『公共性の構造転換』未来社，1973年），その「再封建化」によって衰退した公共圏を再構築するためには，人々の相互の理解と了解を志向するコミュニケーション的行為が必要であることを強調している。（川上・平井・他訳『コミュニケーション的行為の理論』未来社，1985年〜1987年）。

8）J.ハーバーマス，奥山・他訳『認識と関心』未来社，1981年，p.46.

9）前掲『知る権利』，p.32.

10）前掲『表現の自由とは何か』，p.111.

11）渡辺重夫『図書館の自由を考える』青弓社，1996年，p.66.

12）川崎良考『図書館の自由とは何か』教育史料出版会，1996年，p.4.

13）それに対して，例えば「毎日新聞」（1993年7月8日付夕刊）は，「『焚書』もどきの図録焼却に至っては，言語道断というほかに言葉が見つからない。」と厳しく指摘していた。

14）佐藤一子・安藤聡彦・長澤成次編著『九条俳句訴訟と公民館の自由』エイデル研究所，2018年，p.103.

15）前掲『知る権利』，p.37.

16）堀尾輝久『教育と人権』岩波書店，1977年，p.26.

17）同上，p.10.

18）同上，p.14.

19）教育法令研究会『教育基本法の解説』国立書院，1947年，pp.110-111.

20）佐藤一子『「学びの公共空間」としての公民館』岩波書店，2018年，p.5.

21）同上，p.36.

22）同上，p.39.

23）岡田憲治『ええ，政治ですが，それが何か？』明石書店，2014年，pp.34-35.

24）岡田憲治「公共の仕事とは言論の舞台を提供することである」，『月刊社会教育』2014年11月号，p.61.

公共政策の形成過程における
「現場知」との相関性

―「教育の地方自治」を原則として―

川野佐一郎

はじめに

　今日の市民社会においては，憲法や公共性に関する議論が日常的な場で交わされている。地域の市民学習グループの活動発表や文化・芸術団体の展示においても，「学習の自由，表現の自由」に関して権利侵害が表面化する事案が相次ぎ，政治・行政の公的責任に対する信頼性が損なわれている。法治国家として法令を順守すべき政府の責任は，一部の官僚と歪んだ行政機構によって機能低下し，主権者に対する権力的支配関係にまで影響を及ぼしている。

　また自治体行政は，市民と接する最前線の現場として，公共政策は法制度の枠組みに従い，公正・公平に展開する責任がある。しかし新自由主義による行政運営は競争的市場原理を貫き，市民はこれを形式的な行政サービスの一環として受諾するのみで，当初から徹底した効率性と競争性を重視したサービス提供側の論理に与する成果主義へと大きく傾斜した。自治体がサービスの範囲内において認知する市民の自治活動は連携・協働の対象にするが，視野の外におく住民活動は参加・継続から明らかに選別・排除する。

　自治体は政策形成過程における情報開示と説明責任により，市民との対話や熟議を繰り返し，政策全般にわたって「公共的なるもの」[1]の内実を明ら

かにしなければならない。とりわけ教育政策は,「教育の地方自治」[2]を原則に公共空間における環境醸成に全力を傾注して市民の学びを支えてきたが,他の公共政策と比較して行政の条件整備が遅れ,位置づけが脆弱であった。

「九条俳句不掲載損害賠償等請求事件」(以下,「九条俳句訴訟事件」)の裁判を通じて,市民は専門家としての弁護団や教育研究者の専門知を得て,学習の自由を保障すべき公共政策の形成過程にコミットした。市民は自己省察により,多様な社会教育の価値を実践知として獲得した。さらに市民本位の政策の実効性を訴えて不透明な意思決定と対峙し,政治・行政を変革する主体として成長するに至った市民・専門職員の「現場知」について考察する。

1. 公共政策とは

公共政策とは,公共の問題を解決するため,科学的・計画的な行政運営の手法を用いて現実化される理念である。戦後,アメリカの政治学者ラスウェルが主唱した,「公共的問題として社会が解決すべき『社会の問題』を『政策問題』として,あらゆる社会科学的なアプローチによって政策決定-実施-評価する『政策科学』を基礎」に,「解決の方向性と具体的手段」を取り扱うのが公共政策(public policy)といわれる[3]。本論では社会教育政策をはじめ教育政策における課題を認識しつつ,相互に関連性があるだろう地域づくり政策や住民活動・住民自治に関わる政策を公共政策として分析する。

一般に公共(もしくは連携するパートナーとして「新しい公共」も含めて)が,公共施設や公的な空間である公共圏,あるいはそれらに準ずる場所や環境を利用して地域住民のために展開される計画や施策,事業の総称を意味する。もちろん政策形成にあたっては合理的な意思決定機関が必須であり,目的や計画に基づき人材や財源,情報などの資源を投入し,事後は評価によって将来的に改廃もしくは再検討の対象ともする業務改善システム(PDCAサイクルの手法)が政策評価の主流となった。公共政策として効果性や経済性などの成果指標は,意思決定のプロセスにおける政策選択の一条件にすぎないが,現在は「費用対効果」や「選択と集中」をマジックワードにして,評価者の想定内の基準により当初から結論を水路づけている。

国の政策課題（アジェンダ）と地方自治体のそれとでは，当然，内容と質は異なり，そのうえ複雑・多様化している。政策形成過程において国及び自治体は専管組織をつくり，いわゆる政策担当のスペシャリストとして公務員を養成し，提供主体である公共側の情報公開と説明責任を基軸として，計画的な行財政の運用が求められるのは言うまでもない。松下圭一は，政策型思考の習熟した人材を「政策知識人」[4]と呼び，市民活動や団体，企業や政党の現場レベルまで広げ，シンクタンクやコンサルタントなどの職業人を想定した。タテ型行政機構の内部にいる関係者に加え，専門委員，ブレーン，スタッフ型のほうが課題を広範囲にとらえることができると指摘した。

　さらに今日では，ステークホルダーに対する「熟議民主主義」によって参加者の合意を基本とするため，権力的・一方的な手法は避けられる傾向にある。場合によっては評価まで至る一連のプロセスでは，内部評価や議会審査のみならず第三者による厳しい監視も必要になり，民主主義の根幹として公共政策の形成過程においては，一層の透明性が求められるようになった。

２．「教育の地方自治」

⑴　教育政策の形成過程

　戦後教育改革期の1947年には，教育基本法，学校教育法が施行され，続いて教育委員会法（48年），社会教育法（49年）などの教育関連法も施行された。広く教育政策といえば教育法制度や教科書検定問題，教育内容や教育方法に関わる政策，あるいは学校教育と社会教育などの分野で展開される計画行政の実現を意味する。

　教育政策の形成期にあって宗像誠也は，「教育政策とは権力に支持された理念で，教育行政とは権力の機関が教育政策を現実化すること」[5]と有名な定義をした。この定義を受け，小川利夫は社会教育政策について，「一定の社会教育法理念を公権力の意志（具体的には，それを担う支配階級の意志）にもとづいて，『解釈』し支持したときに社会教育政策が成立し，それを公権力の機関が現実化する過程が社会教育行政にほかならない」[6]と言い換え

ている。

　すなわち教育に限らず，政策は住民生活の多分野にわたる課題解決に向けて公権力を行使するため成立，維持される「目標」であり，行政は日々現実的な対応を迫られる運用上の「活動」であると考えられてきた。戦後まもなく教育行財政の環境整備を中心とした教育政策はシステム化されたものではなく，公権力そのものであり，それとは対立的に相拮抗した緊張関係を保ちながら住民の側が勝ちとるべき教育制度の生成・発展過程を繰り返してきた。

　旧教育委員会法においては，行政機関としての教育委員会に「教育の地方自治」と「一般行政からの独立」をすすめる行政委員会として「民衆統制」の機能が求められた。また，社会教育行政は，「非権力的・助長行政」を特長とし，住民の自由で，主体的な自治活動として学習者の「求めに応じて」支援する立場が環境醸成として社会教育法にも規定され広く理解された。

　しかし早くも1950年代には青年学級振興法の公布（53年，99年廃止）や「地方教育行政の組織及び運営に関する法律」（「地方教育行政法」1956年）の制定，社会教育法の大「改正」（1959年）などによって一連の教育政策は逆コースをたどった。また1960年代から国家による強引な国土開発計画及び住民自治を否定するような政策によって生活基盤を破壊された人々，生きづらさや子育て不安を感じた人々は「人権としての社会教育」を主張し，社会教育政策との間で軋轢が生じた。条件整備や環境醸成をすすめる行政と，学びによって生活課題の解決に取り組む住民は，相互に一定の緊張関係を保ちながらも自己教育運動として広がっていった。この時期の社会教育政策の現実と国民の自主的な教育・文化運動とを対比してみると，「社会教育行政は権力的要因と運動的要因の力動的な相互規定関係のなかで，形成され変化していく」[7]という政策と実践現場との矛盾が顕在化した。

　さらに1970年代に入って，社会構造の急激な変化に対応するため，一方で生涯教育の理念や人口の高齢化に伴う高齢者の学習にふれた当時の社会教育審議会答申も注目された。他方，派遣社会教育主事の導入など矛盾を抱えながら社会教育における施設づくりや学級・講座の自主的な学習内容編成など，住民の「権利としての社会教育」実践が自覚的に広がっていくプロセス

と相関関係にあった。「国の社会教育政策と国民の自己教育運動とは矛盾し対峙するという一面だけでなく，国民の自己教育運動の高まりをつうじて，自治体の，さらには国の社会教育政策を民主化できるし，また民主化する必要がある」[8]と審議会答申などの政策文書は期待感をもって注視された。

　1980年代後半から行財政改革や地方分権改革が叫ばれる中，教育政策は全般的に指導，助言及び援助を基本としつつも，実態としては「中央から地方教育委員会にいたる『タテの行政系列』として制度化[9]されて「教育の地方自治」は進められてきた。まさに文部行政は，「指導・監督行政」を温存したまま，官僚機構が権力装置として巨大化，硬直化するにつれ，教育政策においては教育委員会廃止論や機能不全論とともに，いつの時代も「教育の政治的中立性」[10]を根拠に，政治と主権者との関係をコントロールしてきた。

　2000年代以降も，教育基本法の全面「改正」や「地方教育行政法」の一部改正によって首長の権限を強め（強首長主義），合議制教育委員会の自主・独立性がますます脆弱化していく方向をたどる。さらに2019年には第9次地方分権一括法が公布され，教育委員会制度もしくは社会教育行政の政策転換に大きく関与した。自治体社会教育の中枢的な教育機関である公民館・図書館・博物館など公立社会教育施設の首長部局移管を可能にした。内閣府が進める地方創生とも連動して，まちづくり行政，観光行政等，他の行政分野との一体的な取組みを目指す総合行政への指向は歯止めがかからない。

(2)　「専門知」と「現場知」

　国の政策形成は，省庁内における官僚組織での立案とともに，専門的な審議会や委員会，協議会を構成する専門家会議への諮問−答申を経て原案が作成されるケースが多い。すなわち政治学でいうグレーゾーンに相当する諸機関が「専門知」として政策形成に関与し，当事者間の関係とは少し距離をおいて社会問題の解決を提言する。意思決定過程においては広く住民参加制度やパブリックコメント，モデル的な社会実験を行い公共政策として国民に提示される。また公務とは別の私的研究会のジャーナルなどにも掲載される[11]。

藤垣裕子（科学技術社会論）は「現代社会が直面する複合的諸問題に対処するため，専門家と市民と行政をつなぐために何が必要か」，「『専門知』は住民生活の『現場知』にとって弊害となっていないだろうか」と問いを発し，「科学技術の知識（科学的合理性）だけで問題が解決できない場合，専門家（科学技術者）の知は，従来のように，市民（素人）の知に対して常に優位にたてるとは限らない。専門家の思いも寄らない現場の知識が，意思決定のための根拠の提示に役立つということもありうる。また実は現場の意思決定においては，市民の側の『現場知』（ローカルノレッジ）が大事であるケースもありうる」[12]と重要な指摘をする。

　公共政策の手法は，すべて「評価」と対をなす。評価の結果によっては，意思決定者の姿勢は利害関係者との対立や弱者を生み出し，排除する方向へと向かう。また対話や熟議の過程を忌避して政策形成の科学的根拠を説明する機会を自ら閉じ，多面的な社会的合理性の選択を見失う場合もある。藤垣は専門家の熟議は問題の解決に方向づけられるが，市民の熟議は新たな問題の発見にも開かれているといい，立法や政策立案を通じて問題解決がはかられるべき政策課題として「専門知」とは違う「現場知」を提言する。

　社会教育においては，学習者は自発的な意思をもって生活課題，地域課題と向き合い，共に学び共に生きる視点を同じくして課題解決学習，地域変革学習として実践されてきた。また専門職員は，法解釈や先行事例の把握など多様な政策文書を学び，相互に学習のふり返り（省察）や成果から得られた知見を実践知として蓄積してきた。しかし1990年代以降，自治体は新自由主義による効率的な行財政運営を追い求め，PDCAサイクル手法に拘って，事務事業評価，行政評価，政策評価へと質を変えてきた。また，度重なる市町村合併によって自治体の姿を変え，指定管理者制度の導入や公共施設再生計画，市民との協働事業などによって公共圏を管理的に制御した結果，住民自治の保障を不可能にする危機に陥り，学習の自由を否定する政策に繋がった。

　自治体の社会教育政策は，（狭義の）教育委員会で決定されるシステムだが，意思決定が少数かつ閉鎖的で，議会への提案権も間接的となるため，結果として市民の実践知を学ぶ機会との間にタイムラグが生じてしまう。むし

ろ生活者の豊かな発想や専門職員の経験則を直接，政策形成過程に組み込む回路を開いて，タイムリーな現場感覚で補完しあう「現場知」のほうが政治・行政の開放的かつ民主的な運営が可能となる。

　たとえば千葉県公民館連絡協議会では，さらに充実した公民館事業をめざして現場の職員がチームをつくり，自己点検・評価を実際に『研究報告書』[13]として纏めた。評価シートを作成するにあたって5項目にわたる政策評価ガイドラインを設定し，「私たちが考える公民館事業評価」として実践的な検証を繰り返して政策形成に関与した。また千葉県内の多様な社会教育実践を専門家の知見と市民・専門職員の実践として纏めた報告集も参考になる[14]。市民は社会教育施設の委託化やファシリティ・マネジメントによる統廃合などの対立点を乗り越えて，学習の自由を保障する自治体独自の社会教育計画を要望する多くの市民グループの「現場知」として政策提言につなげている。

3．住民自治と自治体行政

(1)　大規模な都市づくりへの疑念

　公共政策は法理に則り，民主的な意思決定過程を経て主権者に提示され，公共空間として保障されていくプロセスが社会通念として確立した。憲法では第92条〜第95条に「地方自治」を規定する。1980年代から中央と地方の政府間関係や地方分権改革など実質的な政策転換が進められてきた。それにも関わらず，今日では憲法−地方自治法による法制度の枠組みを超えて，沖縄・辺野古の基地建設反対運動にみられるとおり，一方的に住民自治の原則を踏みにじる国家の政策が強行される。歴史的にも地域開発政策における国家の意思決定に抗して，環境汚染や住民管理的なコミュニティ政策を問題視した住民運動が高揚した。また社会教育施設の再編・合理化など住民の自主的な学びの機会に直接介入した行政の公的責任を問う対抗的な地域教育運動が各地に広がり，そのたびに市民の間で「現場知」が蓄積されてきた。

　日本国憲法と地方自治法が同日に施行された意義は大きい。なぜなら行政

学者の辻清明は，「両者の相互依存関係がいかに密接であるかは，この共通の運命からも傍証できそう」[15]と指摘した。改憲が政権与党によって声高に叫ばれる今日，合理的な憲法解釈と同時に「教育の地方自治」もまた論点になり，都市づくりや住民自治の政策と関連する教育政策の転換も予測される。自治体行政と住民の生活現実との乖離が明白な状況において，住民自治の仕組みづくりが必要な根拠は，住民自ら身近な生活・地域課題の解決に取組み，地域を変革していく主体者として制度設計に参画・関与する点にある。住民にとって，「自治」は「自由」と表裏一体であり，将来的な都市づくりの理念もまた政策課題となるであろう。

　今日，日本では三大都市圏（東京，名古屋，大阪）に総人口の過半数が集中し6,500万人が在住する。また5,000万人が地方都市に住み，農村部には900万人が住んでいる[16]。多くの地方自治体は，一人でも多くの人口集積を都市経営のバロメーターとして豊かさを競い，序列化するため第一義的に人口増加策を志向した。政府は市町村合併によって都市機能を集約した大規模都市化への政策を優先し，人口減少への危機感から少子化対策や国土強靱化策による地方創生を促した。また将来の地方自治制度や自治体構想を戦略的に練り直して，中枢連携都市圏を軸に「圏域マネジメント」や「二層制の柔軟化」など新たな圏域行政を進める政策形成を企図している[17]。

　都市の「風格・魅力」をセールスポイントに大型集客施設や観光資源，歴史的建造物をシンボル化すると同時に，経済振興を図るため大規模な地域開発を目指す。その結果，都市間競争と称して他の自治体との差別化を助長し，生産性・利便性のみを基準とした都市機能の集積を図ろうとする。従来の政策目標，都市づくりの手法を変えず，人口のマス化をスケールメリットとして将来都市構想を描こうとする。改めて政策の意思決定にあたっては，都市環境の変化や都市の成長または縮小を見越した再検証が必要になる。

　大都市自治体にはそれぞれ固有の実情を市民に公開し，人口推計のみならず，都市の活力や潜在力を高める社会的指標の動静や分析を再試算した総合計画の改定を望みたい。適正規模に見合った自己財源の確保や地域の産業構造の転換，長期的視点に立つ人材育成など投入すべき資源を早期に決断し，依存財源に頼る財政構造を改革するとともに，生きる場としての地域コミュ

ニティを市民の「現場知」を生かして再創造することが重要である。

⑵　「現場解決」を求めた住民訴訟

　さいたま市は2001年に旧浦和市ほか周辺3市（1市は2005年）が合併し，政令指定都市へと移行した。教育・福祉・環境・子育てなどの一市多制度を短期間で解消するため，問題を山積したまま制度間調整を急いだ。

　「九条俳句訴訟事件」は，俳句会が選んだ最秀句を公民館報に不掲載とし，「学習の自由，表現の自由」を争点に，原告（作者）が被告（さいたま市）を相手に起こした国家賠償等請求事件である。被告側は当初，「教育の政治的中立性」を論点に据えていたが，公民館利用者団体や運営審議会及び市民各層は，住民の学びにおける「学習権の保障」を主張し，弁論がこれを支えた。多くの市民は，教育行政の意思決定過程が不透明であるのに対し，誰が，いつ，どこで，何を，どのような理由で掲載を拒否したのか，直接的な対話の場を求めた。公民館の現場（不掲載にした地区公民館，その上位にある拠点公民館）から遠くかけ離れた教育行政との間に不都合が生じていた。情報公開と説明責任をすべて拒否した不適切な市民対応は，とりわけ主体的に判断できない社会教育行政の脆弱な体質に問題があったと考える。

　さいたま市のような大都市では，政策形成の意思決定にあたって行政機構の整備や人材の配置がなされ，規則によって事務委任等が規定され，コンプライアンスに関して職員研修も実施される。市民との間で起こる摩擦や葛藤は，基本的には現場において対応・解決するのが原則であるはずなのに，行政と市民との距離が，あまりにも乖離しすぎているため，いわゆる「市民の声が届きにくい」現実が見受けられた。

　第二審での「原告勝訴」の後，原告弁護団も「東京高裁を受けての声明」によって判決の社会的意義を発表し，支援する多くの市民は，「今こそ現場解決を！」（2018年6月9日報告集会）を掲げ，行政に対して「公民館など社会教育施設や職員のあり方などについて具体的な改善書」を提出し対話を求めた。この時点が「現場知」との関係において行政体質の改善という絶好のターニング・ポイントであった。公民館報には，その成果を広く大勢の人

たちに知らせる機能があり，それによって人々は知ることができ，共感して響きあう，この点が住民の学びを支える公民館の使命である。また，学習者の「求めに応じて」社会問題をテーマとする学習プログラムを編成し，相互学習する社会教育の機会が公的に保障されるのが公共政策といわれる所以である。

　最高裁の判決がでた後，教育長は原告に謝罪をし，公民館報に俳句の掲載を認めた。本来，自治体行政は「公平・公正」を基本とし，地域住民に対する「均等・中立」を確保して持続的な地域社会の形成を維持する。司法審査による厳しい決断を迫られたとはいえ，市民にとって公民館は身近な公共空間であり，日常的な学習・文化・スポーツ活動を行う社会教育施設である。そのため，公民館に勤務する専門職の人事配置上の検証も行ない，専門職員には施設の管理者的発想ではなく，学習権保障の倫理感を持った職員としての資質向上が求められ，常に利用者との緊張関係が問われる。今回の訴訟事件を通じて，市民の側に蓄積された「現場知」への対応が遅れた市行政の認識及び姿勢は何も変わらないまま対立軸だけが残された。

４．地域公民館区を基礎として「地域」をみる視点

　地域公民館区（たとえば小学校区）でのコミュニティ・エリアでの活動がなぜ望ましいのか。その視座は，第一に人間関係を基礎とする「地域」は県や市町村という行政区画にとらわれず，一人でも多くの地域住民の参加，協働によって立て直し，生きる場として再構築しやすいからである。第二に，必ずしも旧来的な地縁関係のみならず，住民と行政が構成員として参加できる意思決定システムを学び合いの過程に組み込んで政策形成にあたることも可能である。第三に，どこの集合体からも排除される人のため，さまざまな「地域」をベースとした参加と自治のシステムを実現する包摂型（共生）社会の創造を意味するからである。

　喫緊の課題である人口減少社会という課題解決に向けて，国家・政府レベルですすめる地方創生は，果たして地域・自治体レベルで，どのように受けとめられてきたのか。「国家戦略特区」としての政策展開は，一方で特定自

治体による特定事業者への特権付与という利益誘導策であり，国や県が責任を果たすべき計画・ビジョン策定のための業務まで市町村自治体が担わされ，自治体職員は住民の地域課題に向き合いながら多忙化，疲弊化している。これは自治体が大規模化，圏域化したことにより，本来，住民参加や協働によって地域社会の最前線たろうとする市町村の自治機能が弱体化したといえる。

　国は地方創生の一環として，多世代交流・多機能型拠点を目指す「小さな拠点づくり」を展開し，「地域課題の解決に向けた取組みを持続的に実践する」地域運営組織の設立を促進する。基本理念は，「自分たちでできることは自分たちで行う」であり，住民自治に繋がる考え方として人材や財源を確保したうえで地域住民の当事者意識を醸成し，地域運営組織の量的拡大・質的向上を目指す。2019年5月の調査では，小さな拠点として全国533市町村で1,867団体が活動し，そのうち地域運営組織の形成は86％である[18]。

　これまでの社会教育における主体形成の着実な営みと地域運営組織が新たに協働・連携できれば「新しい地域づくり」への可能性が広がり，日常的な地域で日々活動する住民の「現場知」が積み重なっていくと考える。

おわりに

　「現場知」は，政治・行政の開かれた空間で市民と専門職員が合理的な意思決定の機会に参加する選択肢として得られた知見であり，「専門知」と同様，社会的責任が発生する。国及び地方自治体のビジョンと，住民の自治活動から得られた「現場知」が出会う時，地域のビジョンを共有することができる。いま新しい地域づくりを模索する自治体職員に求められているのは，「選択と集中」への対抗的な考え方の構築である。政策形成過程を不透明にしたまま，多数原理のみで，いずれかの政策を選択することは許されない。また効率性や経済性を基準に，どれか一方に集中する考えも妥当でない。なぜなら選ばれないものには排除や格差が生じ，逃走と消滅という結末がまっている。意思決定者は，経済・財政至上主義の再配分を改め，均等・公平の原則に基づく，「分かち合い」を根底に政策を形成することが重要である。

市民社会における政策形成と「現場知」との関係は，第一に，歴史をふり返れば理解できるように，これまでの地域教育運動に関わってきた多くの市民が遺してきた文献や資料を集積し，次世代に引き継げるような活動として「現場知」の価値を高め繋げていきたい。

　第二に，社会教育行政に携わる専門職制度を早期に確立し，教育専門職を意思決定の内部で登用するなど，松下が言うような「政策知識人の専門知」と共同する新たな関係性として「現場知」の認識を強め広げていきたい。

　第三に，当初から独自な行政委員会として構想された教育委員会や，住民参加制度を保障してきた社会教育委員会，公民館運営審議会等の民主的な運営と実質的な議論の場として「現場知」の意義を発見し創出していきたい。

【註】

1）権安理『公共的なるもの─アーレントと戦後日本』作品社，2018を参照。
2）日本教育法学会編『教育の地方自治』総合労働研究所，1981。日本教育法学会創立10周年記念『講座教育法全7巻』のうち第6巻として刊行された。教育関連法と地方自治の視点から特に「中野区の教育委員準公選の問題」が重要視された。
3）秋吉貴雄・伊藤修一郎・北山俊哉『公共政策学の基礎〈新版〉』有斐閣ブックス，2015，P.4。また松田憲忠他『対立軸でみる公共政策入門』法律文化社，2019も参照。
4）松下圭一『政策型思考と政治』東京大学出版会，1991，pp.188-189.
5）宗像誠也『教育行政学序説』有斐閣，1954，（増補版，1969，p.1）。
6）小川利夫・倉内史郎編「社会教育の組織と体制」『社会教育講義』明治図書，1964，p.52.
7）小林文人「社会教育行政の構造的再編成」福尾武彦編『都市化と社会教育』，日本の社会教育第13集，東洋館出版社，1969，p.43.
8）酒匂一雄「社会教育政策論」五十嵐顕・城丸章夫編『講座日本の教育9　社会教育』，新日本出版社，1975，p.94.
9）新藤宗幸『教育委員会』岩波新書，2013，p.226.
10）中嶋哲彦『国家と教育─愛と怒りの人格形成─』青土社，2020，pp.79-80.
11）文部科学省生涯学習政策局『生涯学習政策研究』悠光堂，2012年〜2013年に4冊。
12）藤垣裕子『専門知と公共性─科学技術社会論の構築へ向けて』東京大学出版会，（第4刷，2012，p.81）。また「意思決定では市民も責任を負うことになる」と論じる

（p.210）。

13）千葉県公民館研究委員会『さらに充実した公民館事業をめざすための自己点検・評価に関する研究報告書』千葉県公民館連絡協議会，2007を参照。

14）長澤成次『公民館で学ぶ』シリーズ，I～V全5巻，国土社，1998～2018。千葉県内の市民，職員が執筆者となって実践から得られた知見が掲載されている。

15）辻清明『日本の地方自治』岩波新書，1976，pp.4-5．

16）総務省統計局が発行する『住民基本台帳人口移動報告各年度版』を参考に，みずほ総合研究所が推計し作成，月刊誌『Wedge』2020年2月号を参照。

17）全国町村長大会特別決議「新たな圏域行政の法制度化は町村の自治権を大きく損なう」として「小さくとも多様な町村の価値」が強調された（令和元年11月27日）。

18）内閣府地方創生推進事務局『令和元年度小さな拠点の形成に関する実態調査』。

「学習の自由」と社会教育

―その原理的探究―

川岸　令和

1．立憲主義の現代的変容

　日本国憲法と大日本帝国憲法とは主権の所在や平和主義など大きく異なる点がいくつかある。権利の保障に関しても彼此の違いは大きい。旧憲法体制においては，主権者の恩寵により付与された権利は法律の留保を伴ったが，現行憲法では，基本的人権の構想が取り入れられた。かつては法律によりさえすればどのようにでも構成できた権利が，今や憲法上のものとなり，法律によって制限されるとしても，その法律は憲法適合的なものでなければならなくなった。また憲法上の権利の構想は，法典化された憲法が一般に硬性憲法とされるので，単純多数者による変更を防止することになる。憲法上の権利は，国会における単純多数の同意では変更できない，奪い得ない権利という性質を具える。つまり政治の領域において，多数決原理を基調とする部分とそうではない部分とが並存することになったのである。

　さらに，新憲法体制は憲法上の権利という構想を支援する新たな仕組みである違憲審査制を導入した。裁判所が国家行為の憲法適合性を審査し，不適合であると判断すれば，その行為の効果を否定することができるようになった。この制度によって，法律上の権利とは異なる憲法上の権利という観念が紙の上だけのことではなく，実際に有意性をもつ可能性が開かれた。

　特に注意したいのが，憲法の刷新がもたらした権利の豊穣化である。憲法

上の権利は，権力による侵害からの自由を保障する古典的な自由権だけではなく，第二世代の権利と言われる，権力に作為を請求する社会権をも含むようになっている。信教の自由，表現の自由，人身の自由，財産権などの伝統的な権利に加えて，生存権，労働に関する諸権利，そして教育を受ける権利が市民の政治的経済的社会的生活の基盤を枠づけることになっている。このことは，市民の社会経済的な生活状況が国家の正当な関心事になったこと，そしてそれへの対応の義務を負うことを意味し，治安維持や対外関係に限定されていた国家の役割の著しい拡大を帰結している。

　しかも，現行憲法が13条で個人の尊重を掲げ，幸福追求権を保障していることは刮目に値する。追求の対象となる幸福は，私的なものも公的なものもともに含む概念である[1]。この幸福追求権は消極的自由だけではなく積極的自由も包摂する，根源的な権利と捉えることが可能である。

　ただ社会権のような積極的権利をも保障の対象に包含するようになった憲法は，その性格を変容させる必要があった。夜警国家から福祉国家への展開は，権力制限という近代当初の課題に加えて，権力創出という現代的課題にも対応できる憲法観を必要とするに至っている。特に，権力制限としての憲法は最小国家観が前提となってよく機能したといえる。そこでは，自由や平等が宣言されていながら制限選挙制が採用されたが，理念と実態との乖離は永続できるはずもなく，次第に選挙権の拡大が図られていった。普通選挙制の一般化は，財産と教養を具えた名望家による政治運営を過去のものとし，ごく普通の市民による政治過程への参加を常態化した。近代初期は，一般意思の表明としての法律を中心に据える構想であったことからも，議会を中心とし法律に則った政治運営が基調であった。しかし，国家の果たすべき業務量が増大するにつれて，一般抽象的な法律の具体的中身の決定は行政部に委任されることが通常となり，恒常的な行政部の比重が相対的に上昇することになった。その結果，行政部中心の政治過程へと変化することになる。政府が市民の社会経済的状態への配慮を怠ってはならないとする福祉国家の展開は，必然的に行政国家化を帰結することになる。

　このように，総体として，権力制限という核心を維持しながら，権力を通じて社会権の保障などの新しい政治目標を実現していくという，立憲主義の

現代的変容を体験することになっている。この二重の課題に調和的に対処していくことは，極めて困難であり，我々はそのような時代を生きているのである。権力の制限と創出という相矛盾する対応を調整するには，権力の民主化が一応の目安となるであろう。国政選挙における投票価値の徹底した平等化やより民意を公正で適確に反映する選挙制度の導入，あるいは部分的なレファレンダムの採用による半直接制の実現などが考えられよう。しかしながら，権力の民主化だけではこの難題を解くことは難しい。なぜなら，多数の意思が適正に表明されることが必要であるとしても，憲法という試みが民主的契機のみで成り立っているわけではないからである。立憲的契機，敢えて言えば，反民主的契機もその重要な構成要素である。簡単な解決策は望めない，この複雑な取り組みを単純化することはかえって混乱を深めるだけであろう。容易ならざる課題に我々は対処していることを，それとして受け取り，調和を目指して真摯に模索する覚悟が求められている。

２．教育に関する憲法上の権利

　教育に関する権利の実現も，こうした現代立憲主義の苦悩がよく示されたものとなる。教育を受ける権利や学習の自由といった教育に関係する権利の保障は，そもそも現代の立憲主義の特徴である。近代立憲主義が当初それを憲法上の権利と構想することはなかった。教育は私事であり，それが具わっていることが当然の前提になっていたのであろう。先にも指摘したが，財産と教養は政治に関与する者の基本的条件であった。教育が私事と捉えられている限り，公共政策の対象となることはないであろう。だが，憲法上の権利と宣言され，市民が教育の提供を政府に対して請求できることになった。教育の実現は，法律を通じてなされることになり，また，なされなければならない。そうであるとすると，この時点で，難問に逢着することになる。教育についても，議会で議論されることになり，政治の構成物となる。つまり，多数決原理が適用されることを意味し，議会の多数の考え方が教育に投影されることになる。しかしながら，教育は精神の活動と密接に結びついているがゆえに，多数決に従うことは必ずしも教育の本質と適合的でないかもしれ

ない。というのも，一般に知識や思想などの情報の流通は自由でなければならないとするのが，近代立憲主義の根本原則であるからだ。表現の自由の領域では，思想の自由市場論が説かれており，支持者も多い。それは，意見や思想はよしんば間違っていたり社会的に危険であると考えられたりしても，権力による抑制は控え自由な表明を許せば，それぞれの意見や思想がもつ説得力の自由な競争を通じて自ずから社会的に正しい結論が得られるとする考え方である。教育が精神の活動と密接に結びつくのであれば，個人の自己決定を尊重する態度こそがふさわしいのではないかとも考えられる。

　しかし必ずしもそうではないのである。思想の自由市場論のような議論は，一定の合理的判断のできる個人を想定している。むしろ基本的な教育に関しては，人格形成途上の個人を想定するがゆえに，違った対応が取られることになる。つまり，公権力が教育に対して責任を持つ制度が広く認められるのである。これは，教育の公共財としての性格をよく示していると考えられる。教育を受けることは個人の人格陶冶に直結するが，そのことは当該個人だけの便益に止まらない。基本的な教育が社会に広く行き渡ることは，当該社会の文化的・科学的・経済的発展に一般的に繋がるであろう。知識やものの見方・考え方の獲得は人間の知性を刺激し，新たな創造へ人々を駆り立てるであろう。しかも基本的な教育の普及によって，人々は個人として自立し自律的に生活を構想する，つまり幸福を追求する手がかりを得ることができるであろう。そのことはとりもなおさず自由で民主的な政治過程を実現する基盤を提供することにもなる。社会のこうした状態が維持されているとすれば，その結果，そこに住む人々の大多数にも裨益するであろう。個人にとっての効用が社会全体にとっての効用に深く結びついている。

　ここに基本的な教育の公共性が明らかになる。このような公共性を具えた教育が，人々が共通に不可欠とするものである限り，その提供はその性質に沿った適切な水準で公平適正になされなければならない。市場は公共財を配分するのに本来適してはいないし，市場を通じて教育が供給されるだけでは，公共性のある教育が社会全体として求められる適切な水準の内容を伴って各人に公平にかつ適正に提供されるか不確かである。そうしたことから，公権力による公教育の提供が基本となる。

つまり，基本的な教育の提供のパラドクスも明らかになる。立憲主義体制は自由で民主的な価値を称揚し，批判の自由に開かれている体制であって，公権力自体が時に激しい批判の対象ともなる。その公権力が，自由で民主的な体制を維持・発展させるために次世代に属する諸個人には，自由で民主的な価値を教え込むことになる。立憲主義的体制では一般的に，価値の実体の選択については各個人に委ねているが，根源的なところ，こと基本的な教育の局面では反自由的・反民主的な価値を否定することになる。一般に，憲法典がある場合，その憲法には一定の価値選択が表明されており，その憲法の基づく公権力のあり方が決して価値中立ということはないので，その価値選択に沿った教育が実施されることになる。日本の場合，旧教育基本法の前文がそのことを明らかにしていた。そしてこのことは社会教育の段階でも変わることはない。

　この点で検討すべきは，教科用図書の検定制度であろう（学校教育法34条，49条，62条）。政府が教科書検定制度を通じて自ら発言者となることが可能なのか。そうした発言は政府言論とも言われる。憲法は検閲を禁止したり，表現の自由を保障したりすることで，一般に政府は市民の発言内容を抑制してはならないとしている。しかし，自ら発言者となる場合は必ずしも憲法上の禁止規定が及ぶわけではない。政府広報や特定の政策推進などを考えてみるとわかりやすいであろう。現在では，芸術活動への助成なども政府の表現の一形態と考えられるようになっている。しかし，発言者としての政府が何を語ってもよい訳ではない。政府言論は，その圧倒的影響力から，私人の表現活動を実質的に制限する可能性もある。特に，教科書検定制度の場合，教科用図書検定調査審議会が設置されることになっている（学校教育法34条3項，同施行令41条。教科用図書検定調査審議会令は政令で，教科用図書検定規則は文科省令で，義務教育諸学校教科用図書検定基準および高等学校教科用図書検定基準は文科省告知である）。この審議会が真の意味で独立した専門家集団としての機能を果たしていれば，教科書検定制度は政府の言論として内容中立性から自由となるであろうが[2]，当該制度の歴史と現況が果たしてこのように考えることを可能にするかは定かではない。教育のような精神の活動に直接的に関係する分野でこそ，公権力の政治性から独立した

専門家集団の存在が重視されるべきであろう。

　公権力による教育の実現という問題に関して，教育権の所在が論じられることがある[3]。国家教育権論と国民教育権論との対立である。争点は教育の具体的内容や教授法を決定するのは誰かである。国家教育権説は，国民全体の共通の関心事である公教育制度の形成・実施は，議会制民主主義における国会で制定される法律によって具体化される国民全体の意思に基づき，それゆえ国家が法律によって公教育の内容および方法を包括的に決定できるとするところに特徴がある[4]。これに対して，国民の教育権論は，親を中心とする国民全体が憲法26条で子どもに保障された教育を受ける権利に対する責務を担っていると考える。公権力は，あくまで，国民の教育義務の遂行を側面から助成するための条件を整備するにとどまるのであって，教育内容や方法について介入することはできないとされる。そして，教育を実際に実施する教師は，憲法23条に保障された学問の自由を根拠に，国民全体に対して教育的・文化的責任を負う形で，教育内容・方法を決定・遂行すべきとされる[5]。

　こうした対立について，旭川学力テスト事件最高裁判決[6]は，双方とも「極端かつ一方的」と退け，中間の立場を示した。そのなかで特に注目されるのが，憲法26条の保障する教育を受ける権利の背後に，「国民各自が，一個の人間として，また，一市民として，成長，発達し，自己の人格を完成，実現するために必要な学習をする固有の権利を有する」との観念が存在しているとしたことである。学習権概念は，教育を施す側からだけではなく，教育を受ける側からの視点を普通にし，また，教育を受動的に享受することから，能動的に学習することへと力点の移動を可能にした。教育を子ども限定的なものから解放し，大人も含めて，一個人として自己の人格の形成・完成を求める人間の精神的な営みと捉える視座を最高裁が提供したことは決定的に重要である。そして学習権構想を通じて，教育をめぐる権利の社会権的要素と自由権的要素の並存が意識化された[7]。社会教育の必要性も学習権を基盤にしてこそ有意義なものとなる。

　こうした画期的内容を具える最高裁判決は，憲法上の根拠との関連で，教育に関わる親，私立学校，教師，国などの関係者の権利・権能の範囲を明らかにしようとしたといえるであろう。この方法は，関係者間で意見が一致せ

ず，教育内容の決定について矛盾対立が必然的に生じ，憲法はそれを解決する一義的な基準を提供していないことから採用された。学校外での教育や学校選択の自由といった親の教育の自由や私立学校の自由などを肯定した。しかしながら，教師の教育の自由を，普通教育の特質を理由に最小化し，そうした各権能者の自由の領域以外の領域での国家の権能を拡張的に捉えたことは，問題を孕んでいる。

　国家は，「国政の一部として広く適切な教育制度を樹立，実施すべく，また，しうる者として，憲法上，あるいは子どもの成長に対する社会公共の利益と関心にこたえるため，必要かつ相当と認められる範囲において，教育内容についても」決定する権能を有するとされた。適切な教育制度の樹立・実施が「国政の一部」として行われるとすれば，通常の立法過程がそうであるように教育が政治的駆け引きの対象となり，数を背景とした政党政治の荒波に飲み込まれてしまうことになりかねない。議会は，本来，議員間の公開の自由闊達な討論により，選好の変化を伴う，集団的な意思形成を行う場であるが，党議拘束を伴う政党政治の進展がそうした自由な討論を議場から遠ざけてきた[8]。さすがに，最高裁もこの点については留保をしている。「政党政治の下で多数決原理によってされる国政上の意思決定は，さまざまな政治的要因によって左右されるものであるから，本来人間の内面的価値に関する文化的な営みとして，党派的な政治的観念や利害によって支配されるべきでない教育にそのような政治的影響が深く入り込む危険があることを考える」と，教育内容に対する国家的介入はできるだけ抑制的であることが要請されるとする。にもかかわらず，こうした弊害の可能性は，「子どもの教育内容に対する国の正当な理由に基づく合理的な決定権能を否定する理由」とならないとする。「誤った知識や一方的な観念を子どもに植えつけるような内容の教育を施すことを強制するようなこと」に至らない程度の政党政治の弊害は，放置されることになるのであろうか。教育に対する国家の権能への「必要かつ相当と認められる範囲」や「正当な理由に基づく合理的な決定権能」という限定は，しかし，あまり限定的ではない。教育に関する特定の内容が争われた場合に，裁判所が，必要かつ相当と認められる範囲外であるとか，正当な理由に基づく合理的な決定権能を逸脱しているとかと判定すること

は，当該概念が不確定概念であり，政策形成者の一次的判断が尊重されるのが通常であろうから，およそ難しいであろう。とすれば，杉本判決に従い，あくまでも，国家の権能は，学校制度の設定や設置基準的事項など教育の外的諸条件の整備に限られると考えるべきではなかろうか。教育はあくまでも精神活動の一環であり，その内容は人間的な双方向の交流を通じて専門家によって自主的に自己研鑽的に形成されていくべきものであろう。教育内容の決定に関する専門家集団の役割こそ検討されるべきではなかったか。

３．社会教育における学習の自由

　旭川学力テスト事件最高裁判決が提示した個人の学習権構想を積極的に展開することがより建設的であろう。そもそも，国家教育権と国民教育権とが正面から対立すると捉えることはミスリーディングであるように思われる。国家の方はあくまでも教育に関する権能が問題となるのであって，権利では決してあり得ない。他方，国民の側は疑いもなく権利の問題であって，教育の自由の問題である。つまり両者は位相が異なる事項なのである[9]。そして国民の教育権といっても，その国民は誰なのかと問われるであろう。国民はその本質上常に複数形であり，特に現代社会では一枚岩的に把握することは困難であろう。親，教師，教師集団，学校設置者その他の教育課程関係者が想定され，その意味では，最高裁が親や私立学校に言及したのは示唆的であった。ただ，教師，特に教師集団は教育の専門家としての教育の問題に日々取り組んでいるのであって，専門的知見に裏付けられたその創意工夫にこそ教育の自由の核心があるであろう。そしてせっかく学習権を構想するのであるから，何よりも児童・生徒を客体と捉える思考から自由でなければならない。人間は成年に達すると突如として人格的な自律性を獲得するというものではなく，未成年期から継続的に形成されていくものであることからすれば，児童・生徒に対するパタナーリズムに基づく規制が必要な場合はあるであろうが，自己の責任を自覚できるようにしておくことが，幸福追求権の基礎となる自律性の涵養にとって不可欠である。児童・生徒にも様々な発達段階があり，その段階に応じて，自律の助長促進という観点と発展途上であ

るがゆえの必要最小限度の介入というまさに教育的な配慮によって，学習権を行使する主体として遇されるべきであろう。

　こうした学習権の主体性という視点は，一定の人格的発達を経た大人の場合は，より一層重要となる。ある程度の教育を既に受け，それなりの人格形成をなした者が必要を感じて教育を受けようとするわけであるから，自由の側面こそがより強調されなければならないであろう。普通の人間の一生では，人格は完成することはないであろう。だからこそ，逆に，どんなに年齢を重ねても，学ぶことはなくならないのである。その必要性は，しかしながら，学校教育のように標準化されたものではないであろう。ある者は，学校教育でうまく理解できなかった部分の補習をしたいと希望するかもしれないし，別の者は，キャリアアップのためにより実践的な技能を磨きたいと思うかもしれないし，また他の者は，教養の欠落を自覚するに至りそれを埋めたいと望むかもしれない。学習権の主体の働きかけが決定的に重視され，主体の自由な意思に基づいた学習の計画が大きな意味をもつのである。

　規範的な意味での幸福追求の重要な基盤としての教育という観点からは，未完の存在として人格を陶冶するため人生のいつの段階でも教育を受けることは貴重である。上述のように，旭川学力テスト事件最高裁判決で示された学習権構想は，人の生涯に渡る学習を包含するものであり，憲法の有権的解釈権者による認定によって，社会教育は憲法的基礎をより確実なものにしている。

　さて，社会教育は，かつて教育基本法では，「家庭教育及び勤労の場所その他社会において行われる教育」（旧 7 条）と捉えられていたが，現在では「個人の要望や社会の要請にこたえ，社会において行われる教育」（現12条）とされている。家庭教育（現10条）や幼児教育（現11条）が独立して規定されるようになった他，生涯教育の理念が謳われるようになっている（現 3 条）のが特徴である。教育基本法では，個人の要望と社会の要請が並置されているが，幸福追求の基礎をなす教育という視点からは，個人の要望の方がより重視されるべきである。教育の特殊性は，個人の意識していない潜在的な能力の開発発展の可能性が常にあることであろう。社会の要請から始まる教育もその意味で個人の幸福追求に資するかもしれないので，その可能性を

閉じる必要はないであろう。教育には強制の契機も少なからず存在する。社会教育法によると，社会教育は「学校の教育課程として行われる教育活動を除き，主として青少年及び成人に対して行われる組織的な教育活動（体育及びレクリエーションの活動を含む。）」（2条）と広く捉えられている。

　そして，既に見たように，今日，教育は個人で行うには限界がある。資金的にもそうであるが，今日の知識の高度化を前提にすれば，何よりも専門性という観点から特にそうである。ここで，公権力による環境の整備が重要となる。社会教育法も「社会教育に関する国及び地方公共団体の任務を明らかにすることを目的」として制定されている（1条）。その任務は，「すべての国民があらゆる機会，あらゆる場所を利用して，自ら実際生活に即する文化的教養を高め得るような環境を醸成する」こと，そのために「国民の学習に対する多様な需要を踏まえ，これに適切に対応するために必要な学習の機会の提供及びその奨励を行うことにより，生涯学習の振興に寄与すること」に努めるよう定められている（3条1項・2項）。学習権が公権力の作為を請求するものであるので，こうした任務の設定は理にかなっている。具体的な仕組みとしては，国が地方公共団体に対し財政的援助等をし（4条），市町村および都道府県の教育委員会が社会教育に関する直接的なまたは間接的な事務を行う（5条・6条）。そして，これら公権力は社会教育の枠組みを準備・提供するのが主な役割であり，指導や助言をすることはあっても，教育内容に直接的に介入することは想定されていない。外的側面の支援はまさに公権力がよくなし得るところである。

　図書館および博物館は，社会教育のための機関とされている（社会教育法9条1項。同条2項は別法律を予定しており，図書館法および博物館法が図書館および博物館の運営を規律している）。そして公民館は社会教育法が直接規律する（第5章）。こうした機関は社会教育の実践の場を提供するものである。それらの設置などの外的側面の支援はまさに公権力によってなされるが，具体的な運営は館長，主事，司書，学芸員（社会教育法27条，図書館法13条・4条，博物館法4条・5条）などの専門家集団によってなされることになる。そしてそれらの施設は運営を専門職に委ねることによって，社会教育に資するというそれら本来の機能をよりよく発揮できるであろう。公権

力からの独立が重要な起点となる。そして今日的なポスト真実的状況からすれば、この点を確認しておくことは有意義であろう。元来権力の民主化は憲法上の権利の充実を必ずしも意味しないことが、現代立憲主義のパラドクスであることは既に指摘した。そのことを真剣に捉えるのであれば、公共の意思決定において、客観的な事実よりも、個人の信条や感情を優先する傾向が高まっている昨今の状況の下では、精神の自由な活動と結びつく教育や学習の内容は公権力による直接的な決定から距離を取ることが望ましいであろう。教育の内容の決定については、専門的知見が疑いもなく重要であるが、社会教育においては学習の自由の側面が強調されるとすれば、教育を受けたいと思う者の参加の契機も肝要となる。その参加は、専門家との協働関係によって充実されることで、参加者の放縦とは違う規範的な意味での幸福の追求の実現に繋がるであろう。

　繰り返し述べてきたように、教育や学習は精神の活動の一環である。社会教育では教育の自由の側面が強調されるべきであるとすれば、学んだことの成果を発表するという行為もより正当な関心事となる。それは当然に教育や学習という営為に含まれている。というのも、教育や学習が修得の定着を確認することなく展開されることはないであろうからである。教育や学習に修得成果の発表という局面も当然に含まれている以上、表現活動も視野に入っている。精神活動の外的表明という連続性が露わになる。特に、学習権構想は、単に教育を受けるという受動的で消費的な姿勢に止まらず、自ら課題を発見し解決へと進む自発的で積極的な姿勢をも内包している。学習の自由と表現の自由との連続的把握が必要となる場面も多いであろう[10]。

　その場合、公民館・公立図書館（図書館法2条2項）・公立博物館（博物館法2条2項）が公の施設であることは、学習の自由に有利に作用する。学習成果の発表という表現行為に積極的な機会の提供を可能にするかもしれないからである。公の施設とは、普通地方公共団体が設置する「住民の福祉を増進する目的をもってその利用に供するための施設」であって（地方自治法244条1項）、普通地方公共団体は「正当な理由がない限り、住民が公の施設を利用することを拒んではならない」し、「住民が公の施設を利用することについて、不当な差別的取扱いをしてはならない」（同条2項・3項）。表現

の自由は一般に伝統的な自由権すなわち防禦権と把握されるので，公権力の妨害にはうまく対応できるが，公権力による表現機会の提供といった積極的な保障は通常認められていないと理解されている。しかし，公の施設であれば，不当な差別の禁止や制限の正当な理由の探求を通じて，学習の自由と密接に結びついている表現活動の積極的な保障を促すことが可能となり得るのである[11]。公の施設はまさしくパブリック・フォーラムであり[12]，人が出会い意見や見解を自由に交換する空間である。

　このように公民館・図書館・博物館などが社会教育の重要な基盤となるが，それぞれの職員の専門化はもちろん，それら運営を司る教育委員会や社会教育委員会，社会教育主事などの行政主体へ専門的知見を具えた者を配置することも必要なことであろう[13]。専門職化によって，公権力の直接の介入を回避し，教育における公権力の必要とその危険性という難題を緩和することが可能となり得る。公民館等の館長に一般行政職が当てられることもあるが，館長職の重要性に鑑みれば，専門職からの登用が望ましいであろう。そして，ポスト真実的状況下では，公民館等の意思決定には専門職が複数名参加することが必要であろう。専門職であれば，意見が一致することも当然多く見込まれるが，難解な局面では意見が分岐することもあるであろう。決定をする場合には，専門家の間だけではなく，一般職も含めて徹底して議論をすることが重要である。熟議の過程では，専門職は一般職がよく理解できるように説得できなければならないし，一般職は市民の感覚を伝えなければならない。仕事をすることも学習に深く結びついており，専門職と一般職との十分なインタラクションは双方に学びの機会を提供し，それ自体が社会教育の実践の場ともなろう。そうして得られた難題への解答は内部の熟議の帰結であるので，安易な批判を寄せ付けないものとなっているはずである。それによって学習の自由が充足される可能性が高まるであろう。

　こうした専門職と一般職そして学習者の参加する広範な相互交流は，現代立憲主義のパラドクスの緩和に質するであろう。特に民主主義の進展による多数の暴政の防止という喫緊の課題に有効に対処が可能となる。多数の暴政の回避には，意見や見解の多様性の確保が必須であるが，今日いくつかの要因で単一化や単純化の圧力は強まっている。それらは，伝統的な政治的な圧

力はもちろん，公の施設への指定管理者制度（地方自治法244条2第3項以下）の導入以来一層顕在化してきた市場の圧力，さらに成果主義の圧力である。これらの圧力を生む要因が複雑に絡み合って，論争を避け，多数派的価値を体現するプログラムが一般化し，多様性の確保が困難になってきている。その観点から，専門職と一般職そして学習者の広範なインタラクションによって，公民館等の社会教育の基盤機関の運営は単純化の圧力をかなりの程度無効化できるであろう。昨今の専門性を軽視するポピュリスト的風潮に抗して，異なる視点，違った見解を学ぶ機会が提供されていくのではないかと予想される。それを通じて，学習の自由も充実し，規範的な意味での幸福追求もよりよく達成されるであろう。

【付記】参照すべき文献が最低限度であることにご海容を願う。

【註】
1）佐藤幸治『日本国憲法論』（成文堂，2011年）172-173頁参照。
2）蟻川恒正「政府の言論の法理」駒村圭吾・鈴木秀美編著『表現の自由Ⅰ』（向学社，2011年）417-453頁，また阪口正二郎「§26」長谷部恭男編『注釈日本国憲法(3)』（有斐閣，2020年）38-42頁参照。
3）堀尾輝久『人権としての教育』（岩波現代文庫，2019年）参照。また中村睦男「学習権」『憲法30講　新版』（青林書院，1999年）144-153頁も参照。
4）例えば，第一次家永教科書検定訴訟1審判決・東京地判1974（昭和49）・7・16判時751号47頁。
5）例えば，第二次家永教科書検定訴訟第1審判決・東京地判1970（昭和45）・7・17行裁例集21巻7号別冊。
6）最大判1976（昭和51）・5・21刑集30巻5号615頁。内野正幸『教育の権利と自由』（有斐閣，1994年）21-28頁。
7）兼子仁『教育法　新版』（有斐閣，1978年）202-203，228-230頁参照。
8）カール・シュミット　樋口陽一訳『現代議会主義の精神史的状況』（岩波文庫，2015年）参照。
9）奥平康弘「教育を受ける権利」芦部信喜編『憲法Ⅲ』（有斐閣，1981年）411-416頁参照。

10）九条俳句訴訟の第1審判決・さいたま地判2017（平成29）・10・13判時2395号52頁および控訴審判決・東京高裁2018（平成30）・5・18判時2395号47頁を比較参照。また佐藤一子・安藤聡彦・長澤成次編著『九条俳句訴訟と公民館の自由』（エイデル研究所，2018年），佐藤一子『「学びの公共空間」としての公民館』（岩波書店，2018年）参照。

11）泉佐野市民会館事件・最判1995（平成7）・3・7民集49巻3号687頁，上尾市福祉会館事件・最判1996（平成8）・3・15民集50巻3号549頁参照。

12）中林暁生「パブリック・フォーラム」駒村・鈴木・前掲書197-220頁参照。

13）佐藤・前掲書52-53頁は，九条俳句訴訟の背景として公民館職員の専門性の欠如を指摘する。

第Ⅱ部

社会教育施設と
「学習の自由」

学習権保障における
政治的中立性をめぐる課題
―教育実践の自律性と教育機関の運営主体に焦点をあてて―

1．学習権保障における教育の政治的中立性をめぐる課題の位置

　「学習の自由」は，「教育の自由」論（堀尾輝久，兼子仁らによる一連の研究）の中核となる要素である。そして「教育の自由」論は，教育の政治的中立性をめぐる議論から練り上げられてきた経緯をもっている[1]。

　この「教育の自由」論の成果のひとつは，「国民の教育権論」としてまとめられてきた。「国民の教育権論」は，「学習権」をキー概念として現行法解釈学を構築しようとした兼子仁『新版教育法』によってまとめられている（本論では，学習権という用語を，この『新版教育法』に集約された兼子による教育法解釈学の大系としての意味で使用する）[2]。そして，社会教育学の領域においては，小川利夫が兼子の学習権という用語も引用しながら，「権利としての社会教育」論を展開してきた[3]。

　ただし，兼子らによる，学習権保障をキー概念とした現行法解釈学の大系には，課題も指摘されてきた。その課題のひとつが，教育と教育行政における政治的中立性をめぐるものである。

　本論では，この教育の政治的中立性をめぐる問題について検討をおこなうことによって，学習権論には教育実践の自律性を確保するうえで課題が残されており，その課題解決のためには，教育機関の運営主体をめぐる民主主義

86　│　第Ⅱ部　社会教育施設と「学習の自由」

のあり方が解明される必要のあることを論じてみたい。

２．政治的中立性の確保を名目とした学習権の侵害

　日本国憲法26条１項の「教育を受ける権利」は，「国民各自が，一個の人間として，また，一市民として，成長，発達し，自己の人格を完成，実現するために必要な学習をする固有の権利を有する」ことを規定しているものであることが，最高裁判所の判決でもこれまで確認されてきた（1976年５月21日，いわゆる最高裁学テ判決）。

　しかし今日，この「自己の人格を完成，実現するために必要な学習をする固有の権利」が，政治的中立性の確保を名目として侵害される事例が生じている。以下は，９条俳句掲載拒否事件をめぐる裁判の原告意見書からの引用である。

　「４年くらい前から，公民館の申出で，毎月発行される『公民館だより』に三橋俳句会で選んだ俳句がそのまま掲載されてきました。６月の句会では，先生の特選をいただき会員の選も多かった先の私の句が掲載句に選ばれました。とても嬉しく思っていました。ところが，公民館は，『集団的自衛権の問題で世論が二分されており，一方の意見だけを載せることはできない。また，『九条守れ』のフレーズが公民館の意見と誤解されるおそれがある。』とこの俳句の掲載を拒否してきたのです」（2015年９月25日原告意見陳述書）。

　被告側は，俳句掲載を拒否した理由をつぎのように主張していた。

　「『公民館だより』は，教育長の責任と権限で作成，発行するものであり，公務員として公正中立性を求められる教育長が，世論を二分する政治的な問題を扱う場合には，いずれにも加担せず，これを取り扱う場合はいずれとも等距離をとって等価値に扱い，取り扱えない場合には両者とも取扱わないという方針をとることに何ら違法性はない」（2016年12月９日「被告準備書面(6)」）。

　自由に表現し学ぶ住民の権利が侵害される事態はこの９条俳句掲載拒否事件だけではなく，各地で引き起こされるようになっている。それらは多くの

場合，与党の政策に批判的な表現や学習活動に対して，与党議員からの圧力，あるいはそれを予想した一部行政職員によって圧力がかけられている。その場合に持ち出されてくるのが，教育における政治的中立性である。

　この教育における政治的中立性をめぐる問題は，「不当な支配」（教育基本法16条）に服してはならない教育のあり方をめぐる問題として戦後から紛争がつづいている，いまだ解決できていない課題である。現行憲法下においては，「人格の完成」（教育基本法１条）をゆがめるような教育に対する不当な介入は，国家であっても個人であっても認められていない。しかし近年では「公正中立性」を名目とした行政の裁量行為によって，住民の学ぶ権利保障が急速に縮小されてきている。

３．教育実践に求められる自律性（教育の自由）をめぐる課題

(1)　1950年代における政治的中立性の問題

　「『公共』のために教育を『中正』にする方向は，『国民の多数に支持される』政党の利害，具体的には，それを支持する経済的支配者たち，国際的にはアメリカの支配勢力との関係から生ずるインタレストによって，実質的にみたされるほかはない。そのばあいに，具体的に個々の内容を直接的なインタレストでみたすような仕方で支配するというよりも，その支配的インタレストに対立するような内容を，無害にするという仕方で，『中正』の観念を成立させる。これが政府による教育の中立性とよばれる『中正』維持のための統制の実態である」[4]。

　これは，1958年９月から1959年３月にかけて雑誌『思想』に発表された勝田守一と堀尾輝久の連名による論文「国民教育における『中立性』の問題」からの引用である。教育をめぐる政治的紛争は，1950年代においては現在よりも激しく現れた。すなわち，1954年６月「義務教育諸学校における教育の政治的中立の確保に関する臨時措置法」，1955年８月日本民主党「うれうべき教科書の問題」，1956年６月教育委員会法の廃止と地方教育行政の組織及び運営に関する法律の強行採決や，1958年学習指導要領の告示化，その後の

勤評・学テ紛争など，1950年代から1960年代前半まで，教育をめぐる政治的紛争は激化した。このように激化した教育の政治的中立性をめぐる問題状況を契機に書かれたのが，先の論文であった。この論文のなかで堀尾らは，政府による「教育の政治的中立性」の主張が，与党政権の教育政策に対する批判に圧力をかけて「無害」化させる用語として使われていることを指摘したのである。この指摘は，今日における教育の政治的中立性をめぐる問題状況に対しても適用できるものであろう。1950年代における政治的中立性の問題に際して，堀尾らは「なにが中正であり，なにが偏向であるかを，論争的主題について決定するのは，政府や政党の能力と権限とを越えている」[5]と論じることによって，教育実践の自律性（教育の自由）を確保しようとしたのである。

⑵　社会教育実践における「内在的矛盾」

　これに対して，教育における政治的中立性をめぐる問題を，社会教育実践における「内在的矛盾」として引き取ろうとしたのが小川利夫であった[6]。小川は，「社会教育活動」を「公教育的形態としての社会教育実践」としてとらえ，そこには外在的な矛盾と共に内在的な矛盾が存在しており，この社会教育実践における内在的矛盾の分析をこそ，社会教育研究は取り組むべき事を次のように提起していた。

　「いまかりに前者［公権力作用としての社会教育行（財）政をともなう諸活動－引用者］を『社会教育活動』とよび，後者［「それとは敵対する」国民諸階級の自由で自主的な教育・文化運動－引用者］を『国民の自己教育』運動とよぶことにすれば，社会教育研究の独自対象は，『社会教育活動と「国民の自己教育」運動との矛盾』を歴史的・現実的にあきらかにすることにあるといってよい。しかし，いま念のためにつけくわえるなら，そのさい問題は両者の間のいわば外在的な矛盾にあるだけではない。そこでは公教育的形態としての社会教育実践（社会教育政策，行財政，とりわけ社会教育活動）そのものに内在的な矛盾を問題にしていくことこそが，今日とりわけ重要な社会教育の理論的かつ実践的な課題としてとらえられる必要がある」[7]。

この指摘は，学校や公民館と地域の「連携」政策や「地域づくり」政策が，権力による教育政策として推進されようとしている今日の状況に照らしても，注目されるべきものであろう。

⑶　「内在的矛盾」と教育的価値をめぐる課題

　藤岡貞彦は，小川の社会教育実践における内在的矛盾をめぐる議論を評価したうえで，それを「行政論的アプローチ」にとどまっていると批判し，「教育的価値の理念と方法」をこそ解明すべきことを次のように提起した。

　「小川は，社会教育の矛盾の集約点である『社会教育活動』の重要性をただしく指摘しながら，行政論的アプローチにとどまり，教育・学習論との統一把握へすすみでなかったために，『社会教育活動』の中核たる教育・学習の営為としての成人を学習主体とした教育実践の内実，そこでもとめられている教育的価値の理念と方法にたち入ることがなかった」[8]。

　藤岡はこの著作の「はじめに」において，社会教育学も教育学である以上，社会教育の場における教育実践を固有の研究対象としなければならないことを述べた上で，つぎのように指摘していた。

　「教育実践とは何か。ある論者は，『社会がもたらす子ども・青年への影響の諸矛盾を，彼らの人格の内的矛盾に転化し，しかもその諸矛盾を，人格の成長・発達の原動力にするような働きかけ』（『講座日本の教育』第3巻「まえがき」）と定義し，教育学は『このような教育実践を研究の対象にすえることによって，他の諸科学に対して固有の学問的根拠を主張することができる』とのべている」[9]。

　つぎに引用する「あとがき」をこの「はじめに」とあわせて読むと，「ある論者」は坂元忠芳であることが読み取れる。そして，藤岡が社会教育を含む教育実践において，諸矛盾自体を発達の契機に転換させていくこころみを，教育的価値としてとらえようとしていることが読み取れる。

　「セツル活動いらいの先達である坂元忠芳氏は，教育実践とは，子どもがみずからの可能性を人格の内面に意識化していくような自己教育の主体にしあげることである，という。『教育実践』を『社会教育における教育実践』

とよみかえ，『子ども』を『青年・成人』とおきなおしたらどうなるのか。社会教育実践の分析をこころがける方々とともに，ささやかな本書を出発点にこの問題を考えつづけていきたい」[10]。

　藤岡は，坂元から刺激をうけながら，外的な諸矛盾を内的な矛盾に転換することによって，それを人格形成の原動力にしていくことこそが，教育学としての社会教育学における社会教育実践研究には求められることを主張し，そのことを教育的価値と呼んだ。すなわち，藤岡は，外的諸矛盾を内的矛盾に転換することによる自己教育主体の形成を社会教育実践の本質ととらえ，それを教育的価値と呼んだのである[11]。

　小川と藤岡の議論から私たちが引き取ることのできる課題は，教育の政治的中立性をめぐる紛争は，国家権力の関与によって解決されるものではないことを指摘するだけではなく，社会教育における実践に内在する矛盾に注目し，その矛盾を一人ひとりの発達の契機に転換させていくことを教育的価値としてとらえ，教育の政治的中立性をめぐる問題をとらえ返そうとしてきたことにあるように，論者には思われる。この視点は，つぎにみるように，教育専門職の自治によって「教育の自由」を実現しようとしてきた教育権論の枠組みとは，大きく異なっているのである。

⑷ 「教育の自由」論をめぐり残された，紛争調停の担い手問題

　教育の政治的中立性が与党政権の側から主張されるときには，それは与党政権に対する批判を無害化させるための用語として使われていること，また何が中立であるのかを決定することは政府と政党の能力と権限を超えているとの堀尾らの指摘は，約60年も前の指摘ではあるが，現在においてもあてはまるものであると論者はとらえている。

　ただし，何が中立であるのかを決定することが政府と政党の権限を超えていても，それを決定すべき主体が示されなければ，教育の政治的中立性をめぐる紛争状況は解決しえない。堀尾らは，「教育的価値の実現の仕方は，教師と子どもたちのこの接触の場で，最終的に決定される」[12]と述べてきた。

　学校教育場面を主に想定して書かれている堀尾らのこの記述は，教師を専

門性をもった教育職員，子どもたちを学習者として置きかえれば，そのまま社会教育の場面にもあてはめることができるだろう。すなわち，何が中立であるかの判定をおこなうことは行政の権限を超えており，それは学習者と専門性をもった教育職員との直接的な関係によって最終的には決定されるべきものとして，堀尾らは主張してきたのである。

ただし，堀尾らはつぎのように，教育的価値の実現（何が中立であるかの判定行為を含む）が世論によってではなく，「高められた社会的同意の水準」によって決められることを同時に主張してきた。

「『公正』には，不動な基準はない。この『公正』への感覚は動的なものである。この『公正』への感覚を，歴史的に蓄積してきた諸価値，人権，科学的知性，平和などの思想と現実的に結合することによって，社会的同意の水準が高まるのである。（中略）教育的価値を直接守るのは，世論ではなく，その高められた社会的同意の水準なのである」[13]。

このように堀尾らは，何が中立であるのかを決定する権限が政府にも政党にもないのであり，教育の政治的中立性をめぐる紛争状況は「教育の自由」を実現させることによってこそ解決されるべきことを主張するとともに，その自由は，学習者の声をふまえた教育職員の専門的自律性によってこそ実現しうることを主張したのである。

他方で，小川は教育の政治的中立性をめぐる問題を，社会教育実践における「内在的矛盾」として引き受けた。さらに藤岡は，社会教育実践における内在的矛盾をめぐる議論を，発達の力にこの矛盾を転換させる教育実践一般のあり方としても追求しようとし，社会教育学習論を展開させようとした。教育職員の専門的自律性確保とは異なる課題を，小川，藤岡らが提起しようとしていたことに，論者は注目したい。

教育実践に求められる自律性（教育の自由）は，教育をめぐる紛争が厳しくなった時にはとくに，容易に実現されるものではない。論者自身は，教育行政学における教育政治研究として，試行錯誤をともなう自律的な働きかけ合いを教育実践の本質としてとらえ，それを支えることのできる民主主義のあり方（教育政治のかたち）を追求しようとしている。そして，子どもを含む住民の自己教育運動によってそれはつくられるのであって，堀尾らが述べ

ていたように，教育職員の「指導・助言」が自律的であることのみによって
は，教育をめぐる紛争は解決できるものではないととらえている。

　教育実践の自律性（教育の自由）を支えることができる教育機関の運営主
体をめぐる問題，だれが教育機関の運営を担うことによって教育の自由が実
現しうるのかという，紛争調停の担い手をめぐる課題は，いずれにしても未
だ解決されてはいない。

４．教育実践の自律性（教育の自由）を支えることのできる教育機関の運営をめぐる課題

⑴　政治と教育の関係のあり方をめぐる課題

　教育が政治的に中立的であるということの意味は，明確になっているわけ
ではない。むしろ歴史的にとらえれば，教育の結果（自律的な学習の結果）
は，政治のあり方にも中長期的には大きな影響を与えることになるため，常
に教育と政治のあいだには緊張関係が存在してきたし，これからもそれは存
在し続ける。

　たとえば，旧浦和市矢田公民館における1968年「子ども新聞」没収事件を
ふりかえりながら，当時公民館職員だった片野親義は，教育と政治の関係に
ついてつぎのように述べていた。

　「人間の生活は，政治とのかかわりのなかで存在しています。私たちの生
活に関する話題は，そのほとんどが政治にかかわることだといっても過言で
はありません。政治にかかわる事柄が，政治的だという理由で公民館活動の
なかで禁止されるとしたら，人間の自己教育活動としての社会教育は成立し
なくなってしまうのではないでしょうか。人間が自己を形成していく営みに
必要な課題の設定がほとんど不可能になってしまうからです」[14]。

　生活には政治が何らかのかたちで関わっているのであり，それが政治的で
あるという理由により公民館で禁止されてしまっては，人間が自己を形成し
ていくために必要な課題の設定が不可能になってしまうという片野の指摘
は，今日における教育の政治的中立性をめぐる問題状況においてもそのまま
適応できるものであろう。既存の権力は多くの場合，それを批判的にとらえ

る行為がみずからの存在を脅かすものとなるため，教育を既存の権力の下に組み込もうとしてきた。公権力と教育実践の関係には，根本的な紛争が組み込まれてきたとも言える。

　あるいはまた，ある理想の実現を目的とする行為である点では教育と政治は共通性をもっているのであり，その意味で，教育は高度な政治でもあると言われてきた[15]。教育は，政治と現実的に結びつきを持たざるを得ないだけではなく，深い意味で結びついているのだとすれば，政治と教育を切り離すのではなく，むしろそのあるべき関係のあり方が教育的価値の実現という視点から分析されるものでなければならない。

⑵　教育機関の運営主体をめぐる戦後の変遷

　教育機関に対する運営のあり方は，戦後日本においていくつかの転換をへて今日にいたっている。第一の転換点は戦前からの転換がめざされ，教育実践の自律性が尊重されると同時に，教育行政の役割が条件整備におかれた戦後教育改革の時期（1947年から1956年まで）であった。この時期に，日本国憲法，教育基本法を土台にしながら，1947年学校教育法，1948年教育委員会法，1949年に文部省設置法，教育職員免許法，社会教育法などが整備されていった。この時期には，任意団体としてのPTAしかおかれなかった学校と比べ，公民館などには公民館運営審議会が必置され，館長人事に対する意見を述べる権限まで運営審議会に認められてきた[16]。あらためて注目されるべき点は，公選制教育委員会制度導入の目的が，「教育が不当な支配に服することなく，国民全体に対し直接に責任を負つて行われるべきであるという自覚のもとに，公正な民意により，地方の実情に即した教育行政を行う」（1948年教育委員会法１条）ことにあった点である。「公正な民意」が，市区町村ごとの公選制による教育委員会と，教育長免許状などの教育専門性とによって担保されることにより，教育実践の自律性（教育の自由）が保持されると考えられていたのである[17]。

　第二の転換点は，1950年代なかばにおける教育行政の再中央集権化である。すでにふれたとおり，1950年代において，教育をめぐる政治的対立が顕

在化したこの時期，教育機関の運営は，学校教育と社会教育では異なったあらわれ方となった。すなわち，学校教育においては地域と連携することが教育行政によって抑圧される傾向であったのに対して，社会教育においては，公民館運営審議会の運営が活発に取り組まれる事例がうまれた。

　第三の転換点を，本論では1999年地方分権一括法以降としてとらえてみたい。ここでも学校教育と社会教育では対照的な政策動向が生まれた。すなわち，学校教育においては2000年から，職員会議が校長の補助機関化されると同時に学校評議員制が導入され，2004年からは学校運営協議会が制度化されたのに対して，逆に社会教育においては，公民館運営審議会などが任意設置化された。そして2017年３月の法改定により，学校運営協議会の設置が努力義務化されるとともに，地域学校協働活動推進員を教育委員会が委嘱できるようになった。

　2017年の法改定により，学校運営協議会制度が，「地域学校協働活動」に組み込まれてしまうのか，あるいは社会教育が学校教育と両輪となって，子どもを含む住民一人ひとりの学ぶ権利をより豊かなものにしていくことにつながるのかが，これから各地域で問われることになる。

⑶　教育機関の運営をだれが担うべきなのか

　子どもを含む住民一人ひとりの学ぶ権利を保障するとりでは，教育機関（地教行法30条ほか）である。学校，公民館，図書館などの運営が教育機関としてふさわしいものであることが，教育実践の自律性（教育の自由）を実現していくうえで重要であるが，この運営原則は現在，市町村合併や教育委員会制度の改定，そしてまた公民館などのまちづくりセンター化などによって，あいまいにされ続けてきている。また，教育職員がその専門性を発揮させるための身分保障も脆弱なままにおかれてきた。

　教育機関の運営は，何よりも，その教育機関で活動する学習者一人ひとりの声がとどく規模で，学習者と教育職員とが地域の実情をふまえて協議して決めていくことが求められてきたのではなかったか。教育実践の自律性（教育の自由）は，教育の政治的中立性によって実現されるものではなく，教育

機関ごとの運営協議によってこそ実現されるものであろう。

　教育職員の専門的自律性を中核とする，さきにみてきた堀尾らの「教育の自由」論は，教育の政治的中立性をめぐる問題の分析を深化させるうえで大きな役割を1980年代まで担ってきたが，同時にこれまでさまざまな批判がなされてきた。論者も，学習権をより深める立場から，教育専門職の自律性のみによっては教育をめぐる紛争を調停することには限界があるのであり，この紛争の解決には，理論的には教育政治概念（すなわち，紛争をともなう教育に関する集合的意志決定のあり方）の導入が必要であり，実践的には教育の領域においてもそれにふさわしい民主主義の導入が必要であることを指摘してきた[18]。

　学習権の主体は学習者自身なのであり，それは子どもでもおとなでも同じである。そしてこの学習権の実現は，専門性をもった教育職員からの助言によってよりよく実現されうる。さらに，教育機関の運営が，「公正な民意」によっておこなわれることによってこそ，実現されるべき教育実践の自律性は保たれる。言いかえれば，教育機関ごとに公選制教育委員会がもっていた役割を担える組織を形成していくことによって，教育と政治の関係のあり方は学区ごとの地域の実情に適応しながら形成されてくる。その場合には，教育の政治的中立性という観念は現在とは異なったものになる。

※本論は，日本社会教育学会第64回研究大会（2017年9月，埼玉大学）プロジェクト研究「『学習の自由』と社会教育」における，論者の報告原稿を加筆修正したものである。

【註】

1）勝田守一，堀尾輝久「国民教育における『中立性』の問題」堀尾輝久『現代教育の思想と構造』岩波書店，1971年（初出，『思想』1958年9月号，1959年3月号）。

2）兼子仁・磯崎辰五郎『法律学全集16巻教育法・衛生法』（有斐閣，1963年），兼子仁『新版教育法』（有斐閣，1978年）。

3）小川利夫「Ⅰ　社会教育をどうとらえるか─『権利としての社会教育』方法論序説」『社会教育と国民の学習権─現代社会教育研究入門─』勁草書房，1973年（初出，『月刊社会教育』1970年5月～1971年2月号）。及び，小川利夫「Ⅲ第2章社会教育の組織と

体制」同上（初出，小川利夫・倉内史郎編『社会教育講義』明治図書，1964年）。な
お，1973年の著作でも，初出の1964年論文でも，引用文献として「兼子仁『教育法』有
斐閣，1964年」との表記があるが，これは1963年の表記ミスと思われる。

4 ）堀尾，前掲，pp.410-411。

5 ）同上，p.436。

6 ）社会教育実践概念に関する先行研究については，荒井容子「社会教育実践概念および
社会教育実践分析視角の検討」社会教育推進全国協議会研究調査部『社会教育研究』
（11号，1992年）を参照されたい。なお，本論では，社会教育を含む教育実践概念を，
教育的側面をもつ各種の住民運動や自己学習運動と区分してとらえている。教育法とし
ての学習権論は，現行法解釈学の大系として構築されているからである。

7 ）小川，前掲，pp.49-50。

8 ）藤岡貞彦『社会教育実践と民衆意識』草土文化，1977年，p.30（初出『月刊社会教
育』1969年 3 月，8 月，10月号）。

9 ）藤岡，前掲，p.3．なお，『講座日本の教育』第 3 巻は，矢川徳光と川合章編によるも
のであり，新日本出版社から1976年に出版されている。

10）同上，p.321。

11）藤岡はその後も，坂元が「教育実践の社会的規定性」に着目しながら教育的価値につ
いて検討し続けていることに注目している。藤岡貞彦「教育的価値の社会的規定性
（下）」『〈教育と社会〉研究』10号，2000年。

12）堀尾，前掲，p.441。

13）同上，p.446。

14）片野親義『社会教育における出会いと学び―地域に生きる公民館入門―』ひとなる書
房，2002年，p.92。

15）勝田守一「政治と文化と教育―教育学入門Ⅱ」『勝田守一著作集第 6 巻人間の科学と
しての教育学』国土社，1973年，p.243（初出『教育』1968年 4 月号〜 6 月号）。

16）1949年に社会教育法のなかで法制化された公民館運営審議会は，1946年の文部次官通
牒に示されていた，公選による公民館委員会の構想と比べれば後退したものとも言える
かも知れないが，学校における PTA がその後，運営協議組織としてではなく任意の学
校支援組織となったことと比較すれば，その違いは大きい。

17）「公正な民意」をめぐる課題については，『日本教育政策学会年報第26号「不当な支
配」と「公正な民意」』学事出版，2019年を参照されたい。

18）荒井文昭『教育管理職人事と教育政治』大月書店，2007年。

社会教育法第23条の矛盾構造と
公民館の政治的中立性

細山　俊男

はじめに

　九条俳句訴訟のさいたま地方裁判所判決（2017年10月13日）によると，三橋公民館が「公民館だより」に九条俳句を掲載しなかったのは，三橋公民館及びその統轄公民館である桜木公民館の職員たちが元教員であり，彼らは「教育現場において，国旗（日の丸）や国歌（君が代）に関する議論など，憲法に関連する意見の対立を目の当たりにしてき」て「辟易して」いて「憲法アレルギー」の状態に陥っていたからだと「推認」した。そこで公民館職員が憲法アレルギーに陥り，九条俳句掲載に拒否反応を示し，結果として掲載しなかったことは，思想信条を理由とする不公正な取り扱いであり，人格的利益の侵害にあたるという判決であった[1]。

　公民館では，政治はダメ，憲法はダメ，という対応は，実は公民館職員にはよくあることであり，「元教員」に限ったことではない。なぜ職員の「拒否反応」がおこるのか。公民館職員を縛るものは何か。どうすればそれを克服することができるのか。

　本論では，公民館職員の「憲法アレルギー」を手掛かりに，社会教育法第23条の矛盾構造を明らかにしながら，公民館の政治的中立性について考察してみたい。

1．「憲法アレルギー」と「23条アレルギー」

⑴　公民館の日常と「憲法アレルギー」

　九条俳句不掲載事件があった2014年6月は，集団的自衛権をめぐって国民の政治的関心が高まっていた。同時に，この時期に全国の公共施設で憲法や原発，沖縄辺野古問題をテーマとした学習会や集会に後援拒否や貸し出し拒否問題が頻発した。「戦争法」という言葉があるだけでチラシを置くことを拒否した公民館もあった[2]。これも「憲法アレルギー」であろうか。

　「憲法アレルギー」とは憲法論争に対する拒否反応と考えられるが，「公民館だより」に九条俳句を掲載してもいいだろうか，安保法制の学習会に公民館を貸してもいいだろうかという逡巡は，日常的に公民館職員が感じていることでもある。できることなら政党との関わりや，政治問題を避けようとするのは元教員に限らず，公民館職員にもみられることである。

　例えば，市民が初めて公民館を利用するために窓口申請に来ると，職員は「利用の目的は，営利や政治や宗教ではありませんね」と念を押す。親切心からか，後でもめたくないからか，公民館を利用する人が「営利，政治，宗教」に関わってもらいたくないかのような対応が見られる。

⑵　公民館職員の「23条アレルギー」

　なぜこのようなことになるのか。その原因に社会教育法23条があるのではないか。23条は九条俳句訴訟裁判の焦点にはならなかった。しかし，23条は「憲法アレルギー」と大いに関係しているのではないかと思える。

　23条は，第1項で「特定の営利事業」「特定の政党」，第2項で「特定の宗教」を公民館が支持してはならないことを規定している。特に1項2号に，公民館は「特定の政党の利害に関する事業を行い，又は公私の選挙に関し，特定の候補者を支持すること」を行ってはならないとある。

　現場では，この23条の解釈をめぐって，公民館利用者との間でトラブルに

なったり，上司との確執に悩んだり，講座内容の自主規制が生まれたりする。23条にあまり触れたくない上司も少なくない。

　しかし，23条は，公民館利用者を制限するものではなく，「公民館は…行ってはならない」というように公民館が主語であり，公民館を縛る条項なのである。

　ところが，現場では，この1項2号は公民館における住民の政治学習の自由を制限する根拠となっている。もちろん，すべての公民館がこうなっているわけではないが，現実には文科省の「通知」のようにはなっていない[3]。23条の解釈は自治体によって異なり，しかも23条の曖昧さは解釈の問題だけではない。それが公民館職員の23条への過剰な対応につながり，トラブルのもとになる。公民館職員の「憲法アレルギー」には，もう一つの形として「23条アレルギー」があると考えられる。

2．教育基本法第8条の悪用と公民館の禁止規定

(1)　社会教育法第23条第1項第2号と教育基本法第8条との関係

　社会教育法の制定当時，文部省社会教育課長であった寺中作雄は，23条の立法理由について「公民館の本質よりみて営利的・政党的・宗教的行為に走ることは避けなければならない。公民館は一般市町村民のために常に公共的な活動をなすべきであって，その運営が一部の人のみ利したり一党一派に支配されないことが必要である」と述べ，1項2号は，公民館の「政治的中立性」を定めているという[4]。

　関連して，社会教育法の上位法である1947年の教育基本法第8条には「政治教育」のあり方を次のように規定している。

> 第8条　良識ある公民として必要な政治的教養は，教育上尊重されなければならない。
> 2　法律に定める学校は，特定の政党を支持し，又はこれに反対するための政治教育その他政治的活動をしてはならない。

この条文には，まず，国民の政治的教養を高めることが重要であると述べられている。このことは当然，社会教育の重要課題でもある。さらに2項では学校における特定政党の支持や反対するための政治教育及び政治活動を制限している。

　2項の条文を注意して読むと，条文の内容と構成が社会教育法23条1項2号によく似ている。主語が「学校は」と「公民館は」との違いがあるが，どちらも「特定の政党」を支持する活動を禁止していることは同じである。

　しかし，社会教育法23条には，「良識ある公民として必要な政治的教養は，教育上尊重されなければならない」という条文，すなわち「政治教育の尊重義務」規定がないのである。

⑵　政治教育と政治的中立性

　8条（政治教育）の制定意義について，当時の文部省が作成した『教育基本法の解説』には次のように書かれている。

　政治教育とは，「国民に政治的知識を与え，政治的批判力を養い，もって政治道徳の向上を目的として施される教育であ」り，国民に政治的批判力がなくなると全体主義国家になってしまうと指摘している[5]。

　8条の主旨は，国民を「政治的なもの」から遠ざけるのではなく，一人ひとりが「政治的批判力」を養い，平和的民主主義国家を築いていく国民に成長していくための政治教育の必要性を強調したことにあった。

　そして，2項については，「学校教育本来の目的を達成するため，その中に一党一派の政治的偏見が，持ちこまれてはならない。…学校の政治的中立，超党派性が，学校教育の目的を達するためぜひとも守られなければならないのである」と述べている[6]。

　ただし，教員の政治活動については「学校の内外を問わず，教員が全く個人の立場で，学校教育活動としてでなく政治上の自由討議をなすときは，たとえそれが一党一派に偏するものであっても許される」[7]という見解については特に注目しておきたい。

　社会教育における政治教育や住民の政治学習の重要性，その必要性は大き

い。公民館に政治的中立性が必要なのは，国民の政治教育がきちんと行われるためにあるのだ。

(3) 悪用された教育基本法第８条第２項

社会教育法が制定された1949年前後の時代状況を考えてみよう。

1945年に始まる GHQ（連合国軍総司令部）の民主化政策は，婦人参政権の実施，労働組合の結成促進，教育の民主化へとすすめられてきたが，マッカーサーが1947年の２・１ゼネスト[8]を中止させてから，GHQ 及び日本政府は労働組合運動を弾圧し反共政策に転換していく。教員のレッド・パージ[9]をはじめとして公務員労働組合の政治活動を制限するために様々な攻撃が加えられていった。

そして1949年６月に文部省は「教育基本法第８条の解釈について」を通達した[10]。この通達の問題点を鈴木英一は次のように指摘している。

この通達は，第１に，２項のみをとりだし，詳細に解釈することに重点をおいていること。第２に，１項と２項との関係や１項の主旨をふまえた「政治教育」の基本を説明していないこと。第３に，そのため，１項と２項を切り離し，国民の注意関心を２項のみに向けさせていること。

そして文部省の意図的な解釈のもとに，２項は政治教育の注意事項に過ぎなかったものが，単独の禁止規定として取り扱われ，「教育基本法８条が悪用されていく道を開くこと」になった[11]。

しかも文部省は８条２項の解釈を，「学校における」政治活動の禁止から，教員の「学校外における」政治活動の禁止規定へと拡大した。

教員の「憲法アレルギー」はこの延長線上にあることはまちがいない。

(4) 社会教育法第23条第１項第２号の政治的意図

23条１項２号は，1947年教育基本法８条２項に似ている。しかも単独の禁止規定としての８条２項にならって，公民館及び公民館職員の政治活動の禁止を図る社会教育法23条１項２号がつくられたと考えられる。

というのは例えば，小川利夫は公民館の法制化すなわち社会教育法の制定が２・１ストライキ前後から急速に動いたことを指摘している[12]。さらに1949年は文部省の通達をはじめ，４月に「団体等規正令」[13]が公布され，GHQや政府の政策に反対する政党や団体の政治的な活動の弾圧が始まる年でもあった。

　しかも当時の文部省の柴沼社会教育局長は，社会教育法案の提案理由のなかで，23条に違反すれば，「都道府県の教育委員会が停止命令を出」し，「その停止命令にも違反」すれば，「第四十二条により罰則を課する」が，「公民館に統制的支配を加えるような意思は毛頭持っていない」という弁明を加えている。これは23条の統制的意図を言明したに等しい[14]。

　このように23条１項２号は明らかに政治活動の禁止規定としての政治的意図をもった条項である。しかも教育基本法第８条との関係から考えれば，民主主義教育の推進に対する，国家による統制という，せめぎあいの中で生まれた条項でもあったわけである。

３．「公民館の運営方針」と社会教育法第23条の矛盾構造

⑴　「公民館の運営方針」とは

　ところで23条は「公民館の運営方針」とあるが，運営方針が禁止規定であるのは無理がある。そもそも「公民館の運営方針」は他にあったのではないか。すでに1946年の文部次官通牒「公民館の設置運営について」から公民館は全国に設置されていった。そこで示された「公民館設置運営要綱」には「公民館運営上の方針」が規定されている。それを要約すると，公民館は，

　　①「民主的な社會教育機關であるから」「感謝される様に運營されねばならない。」

　　②「町村自治向上の基礎となるべき社交機關でもあるから」「明朗な樂しい場所となる様に運営されねばならない。」

　　③「郷土産業活動を振ひ興す原動力となる機關であるから」「町村内に於ける政治，教育及産業關係の諸機關が一致協力して」「綜合的に推

進されねばならない。」

　④「町村民の民主主義的な訓練の實習所であるから」「差別待遇するこ
　　となく」「自由に討議談論する」「場所となる様に運營されねばならな
　　い。」

　⑤「中央の文化と地方の文化とが接觸交流する場所であるから」「日本
　　中の人が仲良く理解し合って日本の再建に協力する原動力となる様に
　　運營されねばならない。」

　⑥「特に青年層こそ新日本建設の推進力となるべきものであるから」
　　「青年層の積極的な参加が望ましい。」

　⑦「郷土振興の基礎を作る機關であって」「劃一的形式的非民主的な運
　　營に陥らぬ様に注意しなければならない。」

ということになる[15]。

　これらをまとめるならば,「公民館は魅力ある施設として, 総合的に, 民
主的に, 町村の実情に合わせて運営されなければならない」ということにな
るであろう。これが公民館の「運営方針」ではないだろうか。

(2) 「総合的な運営」と公民館法制化の限界

　寺中は, 公民館が「綜合的に運営されねばならない」ことを強調してい
て, その内容は「教養部, 図書部, 産業部, 集会部など部編成を分って, そ
れぞれの担当職員がそれぞれ計画を立て予定の事業を遂行するとしても, そ
れぞれの仕事の間には緊密な連絡が保たれ, 政治, 産業, 教育の機能が綜合
的に発揮せられる様に考慮されねばならない。公民館の運営は公民館委員会
を中心に為されるが, 此の委員会は選挙による町村内の役場, 学校, 農会,
農事実行組合, 青年団, 婦人会, 各種産業団体, 文化団体等の代表者によっ
て組織せられ, それらの団体が協力一致して公民館の運営を助ける様に, 全
町村的な支持の下に運営される事が理想である。」[16]と述べている。

　このように, 公民館を「総合的に運営」するためには, ①部編成, ②政
治・教育・産業の結合, ③公民館委員会, が必要であるという。これらは寺
中構想の公民館運営の特徴を端的に示している[17]。

そして興味深いことは，この「部編成」「政治・教育・産業の結合」「公民館委員会」という3つが社会教育法に規定されなかったのである。

　このことについて寺中は，公民館運営の必要機関として「公民館運営審議会」をおき，事業執行部として「部編成」があるとしながら，「産業の振興」を「公民館の目的」に挙げなかったのは，「産業の振興」は「社会教育の目的」に含まれるからだと説明している[18]。しかし「公民館委員会」を「公民館運営審議会」に変えたことや「政治・産業・教育の結合」を規定しなかったことについては何も説明していなかった。

　そして，書かれていない最も重要なワードが「民主主義」である。

　寺中は公民館創設にあたり，公民館で「身についた教養と民主主義的な方法によって，郷土に産業を興し，郷土の政治を立て直し，郷土の生活を豊かにしよう」[19]（傍線筆者）と呼びかけたように，寺中の公民館構想の基本には「民主主義」と「産業と政治と教育の結合」にあったことはまちがいない。

　先に，23条1項2号が，公民館における政治活動の制限を意図したものであるということを明らかにしたが，23条に本来の「公民館の運営方針」を規定しなかったのは，そこに「公民館の民主主義」を規定できない事情があったからではないだろうか。

　それを裏付ける事実として，例えば，社会教育法の制定過程における公聴会で「社会教育，即ち成人とか，青年，婦人，労農者，青少年等の社会生活におけるところの教育を一つの行政機関の意思によって一方的に統制していこうというようなことが現実に行われる可能性がある」と統制化の問題を指摘した委員もいた[20]。

　さらに現場でも，制定された社会教育法に対し，「永い戦禍と専制政治，そして封建制の柵から解放され，真に晴天下の下に自由にのびのびと自発的，自主的しかも民主的に公民館運動や文化運動をしてきた人々は，「法制上の拘束が強まるもの」ととらえ警戒心をたかめた」という[21]。

　かつて社会教育法制化の意義について，寺中は「社会教育の自由の獲得のために，社会教育法は生まれた」[22]といったが，社会教育法が憲法や教育基本法の理念と論理に貫かれたものとして無条件に捉えてはならないのである。

⑶　公民館運営の民主主義とその後退

　規定されなかった「公民館の運営方針」にはどのような「民主主義」があり，それがどのように抑制されたのかをもう少し掘り下げてみる。

　まず第1に，「部編成」と「公民館委員会」であるが，これは寺中が，「公民館は公民館の組織そのものが自治組織であり民主主義であるのみならず，公民館の事業自体が自治精神を錬磨し，公民魂を養成し，民主主義の訓練をなすことにある」[23]と述べたことからも明らかなように，部編成と公民館委員会は，公民館が住民の自治組織であることを前提にしている。そして公民館の運営主体は，住民の直接選挙による「公民館委員会」であったものを，社会教育法では，公民館の運営主体を教育委員会に転換したのである。公民館長を任命するのは教育委員会になった。しかも公民館委員会がなくなって，公民館運営審議会がつくられた[24]。

　島田修一は「「公民館委員会」制度は，独立した地域総合教育機関を住民の直接的な意思反映の制度のもとに運営するというきわめてすぐれた社会教育思想をもっていた」が，公民館の法制化過程で，「公民館長の諮問機関の地位に低められ」てしまったと指摘している[25]。

　第2に，「産業と政治と教育の結合」については，23条1項で，公民館は「特定の営利活動」「特定の政党」を支持してはならないというように，公民館における産業活動，政治活動を特に掲げている。「産業と政治と教育の結合」という寺中構想の原点を自ら抑制することになってしまったのである。

⑷　社会教育法第23条の矛盾構造のまとめ

　最後に，23条の矛盾構造をまとめるならば，第1に，23条は「公民館の運営方針」といいながらも，実際は禁止条項であり，罰則規定まで設けられている厳しい条項であった。第2に，1項2号は公民館の「政治的中立性を」定めたものと説明されているが，その前提である政治教育の必要性は謳われず，政治活動の抑制のみが強調されている。これらが23条に対する公民館職員の過剰反応すなわち「23条アレルギー」につながっている。そして第3

に，本来の「公民館の運営方針」が書かれなかった理由は，公民館の運営主体や運営の仕組みにおける民主主義の抑制がなされたからであった。

そこで書かれなかった本来の「公民館の運営方針」を，憲法や教育基本法の理念と論理で，実践的にどのように現代に取り戻すかは今日の公民館の民主主義の課題になる。

⑸　政治的中立性と公民館職員

「憲法アレルギー」や「23条アレルギー」によって公民館職員が憲法や政治について考えなくなることは，市民の政治的無関心をふやすことにもつながり，政治教育の妨げになっていく。

アレルギーを克服し，公民館の政治的中立性を守るために公民館職員に何ができるのか。

かつて飯田下伊那の公民館主事たちは，「教育の専門職としての主事の課題」の第一に「教育の中立」をあげていた。そして「教育の中立とは，権力支配を排除しようとする努力であり，教育の本質的な役割を守れとする国民の要請なのである」と提言している[26]。そして，1965年から4年にわたる喬木村の社会教育主事不当配転撤回運動では，当事者である職員と住民の学びあいの力で，政治的圧力を跳ね返し，教育の権力支配を許さない，村の民主化と現職復帰をかちとっている[27]。この実践に学びたい。

確かに公民館の政治的中立性を一人で守ることはできない。しかしそれは，公民館職員が政治との関わりを「避ける」のではなく，不断に自らの政治的教養を高めつつ，住民の「学びの自由」の実現のために，自治体労働者として住民と連帯し協同することから始められるのである。

遠山茂樹は「教員が組合活動やその他の自主的な団体活動に消極的となり，政治にたいする自立的判断をもつこと，またそれを表明することを躊躇させ，教育の自由と自立を達成するための政治活動に臆病になる時，何が結果するか。教育を権力に従属させ，教育への権力の干渉・統制を強めさせ，自主・自由の政治教育を回避させることとなることは明らかである。それは教育の政治的中立を名とする，教育基本法そのものにたいする挑戦にほかな

らない」[28)]としている。これらは現代においても，公民館職員として，公務労働者として，いつも肝に銘じておかなければならないことであろう。

おわりに

公民館職員の「憲法アレルギー」や「23条アレルギー」は，民主主義教育を推進する国民運動とそれを統制しようとする国家とのせめぎあいのなかでうまれた矛盾の現れである。

九条俳句訴訟の判決は，公務員や公民館職員がこのせめぎあいのなかで傍観者でいることを許さず，学習権保障の立場に立つことを求めている。公民館職員は公務労働者として，憲法・教育基本法の理念に立ち返り，公民館の政治的中立性を守らなければならない。

【註】
1）九条俳句不掲載損害賠償等請求事件判決文，さいたま地方裁判所平成27（ワ）第1378号，平成29年10月13日判決，p.44.
2）土屋文子「あきる野市配架基準撤回までの経過と学習会レポート」https://www.jichiken.jp/about/networks/shohou/013/
3）2018年12月31日に文科省は，23条1項2号について，公民館を「特定の政党に特に有利又は不利な条件で利用させることや，特定の政党に偏って利用させるようなことは許されないが，公民館を政党又は政治家に利用させることを一般的に禁止するものではない」と改めて解釈を示し，周知を依頼した。
4）寺中作雄『社会教育法解説／公民館の建設』国土社，1995年，p.111.（『社会教育法解説』の初出は1949年，『公民館の建設』の初出は1946年.）
5）辻田力・田中二郎監修／教育法令研究会著『教育基本法の解説』，国立書院，1947年，p.111.
6）同上，pp.115-116.
7）同上，p.117.
8）1947年2月1日に官公庁労働組合を中心に，経済闘争と政治闘争が結びつき600万人の労働者が参加するゼネスト計画。（山田敬男著『新版戦後日本史』学習の友社，2009年，pp.67-68.）

9 ）平田哲男『レッド・パージの史的究明』新日本出版社，2002年，p.73.

10）宮原誠一・丸木正臣・伊ケ崎暁生・藤岡貞彦編『資料日本現代史１』三省堂，1974年，pp.178-178.

11）鈴木英一著『教育行政　戦後日本の教育改革３』，東京大学出版会，1970年，pp.375-376.

12）小川利夫「歴史的イメージとしての公民館」同氏編『現代公民館論』（日本の社会教育第９集），東洋館出版社，1965年，pp.32-35.

13）団体等規正令は，軍国主義・超国家主義的団体に，「反民主主義的な団体」として共産主義的，左翼的団体を取り締まる政令であった。政党員が政府に登録を義務付けられる驚くべき内容であり，レッド・パージとの関連が指摘されている。（前掲，平田，pp.22-39.）。

14）前掲，寺中，p.48.

15）横山宏・小林文人編著『公民館資料集成』エイデル研究所，1986年，p.97.

16）同上，pp.204-205.

17）大田高輝によれば，住民の選挙による公民館委員会の構想は，GHQ/SCP・CI&E のネルソンの提案であり，「寺中構想」と呼ばれる文部次官通牒を「占領下公民館構想」と再定義することを提起している。（大田高輝「占領下公民館構想の形成と展開」『日本公民館学会年報第12号』，日本公民館学会，2015年，pp.31-34.）

18）同上，pp.101-102.

19）同上，p.186.

20）横山宏・小林文人編著『社会教育法成立過程資料集成』昭和出版，1981年，pp.192-193.

21）『長野県公民館活動史Ⅱ』長野県公民館運営協議会，2008年，p.21.

22）前掲，寺中，p.14.

23）同上，p.196.

24）大田は，選挙による公民館委員会制度が公民館運営審議会に継承し，その理念は公選制の教育委員会制度に移譲したと捉える。（前掲，大田，p.36）

25）島田修一著『社会教育の自由と自治』青木書店，1985年，p.104.

26）前掲，小川『現代公民館論』p.181.

27））『学びの自由を求めて―長野県喬木村社会教育主事不当配転撤回運動の記録―』，喬木村社会教育を守る会，1994年.

28）遠山茂樹「政治教育」宗像誠也編『教育基本法』新評論，1966年 p.260.

外国人マイノリティの公民館類似施設の
公益性と学習権保障
―朝鮮会館に対する地方税減免措置廃止をめぐる判例研究―

谷　　和明

はじめに

　日本社会では21世紀になり朝鮮民主主義人民共和国（以下，北朝鮮）に対する世論が急激に硬化し，その矛先は同国を祖国として支持する在日朝鮮人総聯合会（以下，朝鮮総連）に対して向けられた。そのなかで，朝鮮会館，同胞会館などと称する朝鮮総連活動の拠点施設（以下，朝鮮会館）に対し，公益性を認定してなされてきた固定資産税および都市計画税（以下，固定資産税等[1]）の減免措置を廃止する地方自治体[2]が相次ぎ，2005年段階では該当する133自治体の8割以上が減免していたのが，10年間で皆無となった。

　この過程で，税を減免すべき公益性の有無を争う9件の民事訴訟が発生した。そこで重要な論点となったのが，朝鮮会館の公民館類似性である。多数の自治体がそれを公益性の根拠にしたからだ。その意味で，一連の訴訟は外国人マイノリティにとっての「公民館類似施設」のあり方が問われた公民館裁判でもあった。

　2005年4月には熊本地裁が，熊本朝鮮会館は「利用者の多くが在日朝鮮人等である」が，「利用者の教養の向上や社会福祉の増進等」に寄与する「公民館類似施設」だと判示し，公益性を認定した。だが控訴審では逆転し，その後の訴訟でも公民館類似施設としての公益性を否認する司法判断が重ねら

れ，固定資産税等減免の法的根拠が崩されていった。

税の減免は，朝鮮会館で行われる在日朝鮮人コミュニティの公民館的，社会教育的活動への公的支援であり，その廃止は，同時期の朝鮮学校への補助，助成の削減に対応している。在日朝鮮人の学習権保障のための公的支援が，学校教育と社会教育の両分野で並行して後退したのである。

この時期は，ユネスコが推進する CLC（Community Learning Center）設立がアジアを中心に国際的に広まり，モデルとしての KOMINKAN への関心が高まった時期でもある。

表1 朝鮮総連関連施設に対する固定資産税減免実施状況の推移

年度	全部減免	一部減免	減免無し	回答留保	合計
2005	65	37	25	6	133
2006	43	49	38	3	133
2007	28	51	51		130
2008	5	38	86		129
2009	1	35	94		130
2010	0	35	94		129
2011	0	27	103		130
2012	0	21	109		130
2013	0	10	118		128
2014	0	6	118		124
2015	0	0	117		117

出典：総務省報道資料『在日本朝鮮人総連合会関連施設に対する固定資産税の課税状況（27年度）』（平成27年8月20日）。
＊該当する施設が存在すると推定される市町村（東京都を含む）を対象とする調査への回答結果。複数施設の存する市町村もある。
＊全部減免とは該当施設のすべてに対して特定個所を除外せずに減免すること。
＊一部減免には施設の特定箇所のみを減免する場合と複数施設の一部を減免する場合を含む。
＊回答留保の市町村は次年度以降には全部あるいは一部減免と回答。

2015年に全面改定された成人教育分野唯一の国際法規「成人学習・教育に関する勧告（RALE）」[3]では，第23条に CLC のような施設の設立，強化が明記されるに至った。成人学習への「参加，包容，公正 participation, inclusion and equity」を徹底するための，「特定の目標集団 target groups」，とりわけ「不利益集団，脆弱集団 disadvantaged or vulnerable groups」への「特別な配慮と行動」という文脈上においてである。その年に，在日朝鮮人の CLC に対する公的支援が終焉したのは何とも皮肉なことである。

けれども一連の訴訟では，税減免の条件としての公益を「不特定多数者の利益」，つまり日本人社会の利益と同一視する解釈が支配的であり，外国人

マイノリティの学習権保障という観点は希薄，いや皆無に近かった。メディアも地方自治体の朝鮮総連に対する不当優遇措置の是正として報じた。

　以上の経過の批判的反省作業の第一歩として，本稿の前半では朝鮮会館に対する税減免の仕組みとそれが全廃されるに至った経過を叙述し，後半では各訴訟の判例での公民館類似施設の公益性に関する司法判断を分析したうえで，判断が依拠した「公益」理解の問題点を検討する。

1．朝鮮会館と固定資産税等の減免

(1)　朝鮮会館の概要

　朝鮮総連の組織は，中央本部，都道府県レベルの48地方本部，全国約240の支部，基礎組織としての分会で構成される。本稿で朝鮮会館と呼ぶのは，これら各レベルの組織の事務所が置かれ，多目的に利用できる会議室，集会室などを備えた施設である。「朝鮮総連関連施設」と称されるのが一般的だが，朝鮮総連との関係だけを表現する記号なので採用しない。

　施設数を直接示す資料はない。表1の典拠である総務省の公表資料，朝鮮総連ホームページに掲載された地方本部および支部の一覧[4]，判例や新聞報道に記された若干の市の施設数をもとに試算すると，2003年頃には140ほどの自治体に200前後[5]存在し，現在は若干減少していると推定できる。そのうち7割以上が京阪神，首都圏，北九州，中京の大都市圏に集中しており，それ以外では県内に1～3館が点在する県が大半である。施設規模は多様だが，後述する熊本朝鮮会館を例にとると，4階建て，床面積約440㎡，事務室，応接室，会議室2，学習・講演会・歴史展示室，図書室，ホール，宿直室といった規模，構造であることが判例に記載されている[6]。

　朝鮮会館は，各地域の朝鮮総連組織の構成員や支持者の寄付を財源に在日朝鮮人コミュニティの拠点として設立され，そこに事務所を置く組織が所有，管理している。ただし朝鮮総連には法人格がないので，各組織は別会社を設立し，土地，建物を会社名義で登記している。それを会社から無償貸与されて使用するかたちなのだ。登記のための便法だが，後述のようにこれが

法的に問題とされることもあった。

朝鮮会館の機能は，①朝鮮総連組織（県本部，支部，分会）の事務所機能，②傘下団体，企業の事務所機能，③在外公館的機能，④在日朝鮮人コミュニティの公民館的，集会所的機能に大別できる。

このうち③は，国交の無い状況下で，旅券発行や交流窓口などの業務を朝鮮総連が代行することである。「外交関係に関するウィーン条約」（1964年条約14号）23条で「使節団の公館」は非課税とされる。それを根拠に，東京都は1964年度から朝鮮総連中央本部会館への固定資産税等を徴収してこなかった。72年に美濃部都知事（当時）が中央本部の在外公館的性格を認定し，税の減免を追認した[7]。これが他の自治体にも広がったとされる。もっとも③の比重は中央本部以外では小さく，他の自治体ではもっぱら④を主要理由にした固定資産税等減免が行われたのである。

(2) 固定資産税等減免の法的根拠

固定資産税は市町村（東京23区は東京都）が域内の土地，家屋の所有者に対して課税，徴収する地方税である。その減免について地方税法367条は，減免可能条件として①被災，②貧困，③その他特別な事情を挙げ，市町村長が条例の定めにより減免できると規定している。

各市町村税条例の固定資産税減免に関する条項には，「公益のために直接専用する固定資産（有料で使用するものを除く）」に類した条文があり，減免条件に被災，貧困に加えて，公益を明記している。多くの市町村は条例施行規則等で，公益性が認定される固定資産類型を例示している。

そこに，「専ら公益のために使用する集会所」（八尾市），「公民館類似施設」（熊本市），「在日外国人のための公民館的施設」（大阪市）のような事項[8]がある自治体では，それを朝鮮会館に適用して減免がなされた。無い場合も，公民館・集会所的機能などの公益性を評価して減免されてきた[9]。

2003年以前は公益性を全館に認めて全部減免する自治体が多かった。ところが，まず朝鮮総連や関連団体の事務所部分を減免対象から除外し，次には公益部分の認定・算出を厳格にして減免面積を縮小し，最後にはそれも朝鮮

総連活動の一環だとして，完全に廃止されていったのである。

２．朝鮮会館に対する固定資産税等減免措置廃止の経緯

　2002年９月の日朝首脳会談後，日本国内の対北朝鮮世論が劇的に硬化するなかで，朝鮮会館への固定資産税等減免廃止は経済制裁の一環として推進された。口火を切ったのは，減免の先駆自治体であった東京都である。

　2003年１月に都が朝鮮総連中央本部会館等への減免廃止を検討していることが報道され，２月には石原都知事（当時）が記者会見で美濃部都政の行き過ぎた減税を是正する趣旨の発言をした[10]。以後翌年にかけて，土浦，水戸，新潟，日立，沼津，甲府，松山，旭川などの市が減免廃止に転換する[11]。これに並行して，拉致問題解決を求める「救う会」の構成員などによる，減免実施自治体に対する抗議行動や住民監査請求も始まった。2003年９月，「救う会熊本」の代表が熊本市による朝鮮会館に対する減免が違法だとして住民監査請求をした。監査委員会は請求を認めて是正を勧告したが，市は応じなかった。そこで代表は04年１月，減免措置無効確認等を請求する住民訴訟を提訴した。これが最初の訴訟である。

　その一方で，減免を廃止して課税する自治体に対する朝鮮総連側の抗議活動も起こり，課税処分取消しを求める訴訟が，2004年５月に東京都，同年12月に旭川市，05年３月に新潟市を被告として提訴された。

　この段階では，減免している自治体の大半は，減免を継続しつつ訴訟の帰趨を注目していた[12]。2005年４月には熊本地裁が減免を合法とする判決を出し，減免廃止に歯止めがかかるかに思われた。けれども翌年２月には福岡高裁が減免違法の逆転判決（07年11月に最高裁棄却で確定）を下したことで，状況は一変した。課税撤回を求めた３件の訴訟でも，すべての判決で課税は適法とされ，それが最高裁で確定されていった。

　福岡高裁の減免違法判決により，それまで減免は自治体の自主判断という建前を示していた政府が，公然と廃止への圧力を強めた。2006年４月には安倍官房長官（当時）の指示を受けた総務省が，朝鮮総連関連施設への固定資産税減免に際してその公益性を厳しく判断することを求める次官通知を出

し，該当施設の存在する自治体に対する課税状況調査を開始した。結果は毎年公表されて減免を継続する自治体を追い詰め，メディアもそれを後押しした。こうして，減免措置を縮小，全廃する自治体が急増していった。

2008年から翌年にかけて，減免を継続する八尾，大阪，京都，神戸の4市に対する住民訴訟が相次いで提訴された。これは朝鮮会館が集中するいわば本丸へのとどめの攻撃を意味した。4訴訟とも減免違法の地裁判決が出たが，大阪市以外は控訴しなかった。その大阪市も，既に判決前の2012年7月に策定した「市政改革プラン」で，市税条例施行規則を13年1月に改正し，固定資産税等減免対象一覧から「在日外国人のための公民館的施設」を削除して課税する方針を公表していた。これは，日本社会での外国人マイノリティの公民館類似施設に対する公的支援の終焉を象徴する出来事であった。

2014年12月，最高裁の上告棄却により大阪市の減免措置を違法とした判決が確定し，一連の訴訟は終結する。翌年8月，総務省は減免自治体がゼロになったことを発表した。

3．外国人のための公民館類似施設の公益性に関する判例

2004年から14年までの11年間に，9自治体を被告として，減免廃止を求める住民訴訟が6件，減免継続を求める朝鮮総連側からの訴訟が3件提訴され，20の判決あるいは決定が出された。5件の訴訟で，判決が社会教育法の条文に言及している。なかでも，熊本，旭川，松本，大阪の朝鮮会館が対象の4件では，公益性の有無という争点をめぐり，社教法20条等が示す公民館の理念と外国人マイノリティの公民館類似施設の関係についての解釈，判示が提示されている。以下では，そこに焦点を当て，判例を検討する。

表2　朝鮮会館等の固定資産税等減免をめぐる訴訟事件

提訴 年月日	主要請求	対象施設	裁判所	原告	被告	一審判決 年月日	控訴審判決 年月日	上告審	社教法 参照 条文	減免の主要 理由
2004年 1月8日	減免措置 無効確認	熊本朝鮮会 館	熊本地方 裁判所	住民	熊本市	2005年 4月21日	福岡2006年 2月2日	2007年11月 30日棄却	20条, 22条, 23条, 42条	公民館類似 施設
2004年 5月19日	賦課処分 取消	朝鮮総連中 央本部会館	東京地方 裁判所	朝鮮 総連	東京都	2007年 7月20日	東京2008年 4月23日	2009年8月 12日棄却		準在外公館
2004年 12月3日	減免申請 不許可処 分取消	旭川朝鮮会 館	旭川地方 裁判所	朝鮮 総連	旭川市	2006年 12月27日	札幌2007年 7月20日		20条, 22条	公民館との 類似性
2005年 3月25日	減免不許 可処分取 消	新潟朝鮮会 館／祖国往 来記念館	新潟地方 裁判所	朝鮮 総連	新潟市	2007年 5月17日	東京2008年 9月18日	2009年7月 2日棄却		準在外公館 ／公民館類 似施設
2006年 7月24日	減免取消	朝鮮文化会 館（学校法 人長野中央 学園内）	長野地方 裁判所	住民	松本市	2008年 2月22日	東京2008年 11月26日	2009年11月 2日棄却	20条, 22条	公民館・集 会所に準じ た施設
2008年 6月6日	減免措置 取消	八尾柏原同 胞会館	大阪地方 裁判所	住民	八尾市	2009年 3月19日				地縁団体集 会所との類 似性
2009年 9月18日	減免措置 取消	市内20会館	大阪地方 裁判所	住民	大阪市	20012年 12月20日	大阪2013年 12月13日	2014年12月 16日棄却	20条, 22条	在日外国人 のための公 民館的施設
2009年 10月27日	減免処分 取消	市内15会館	神戸地方 裁判所	住民	神戸市	2010年 11月2日				集会所
2009年 11月2日	課税免除 処分取消 等	市内18会館	京都地方 裁判所	住民	京都市	2012年 2月14日			22条	集会所又は 公会堂その 他の施設

注：原告欄に朝鮮総連と記したのは，正確には登記上の所有者としての管理会社である。

(1)　公益性を担保する社会教育法20条

　　熊本朝鮮会館をめぐる住民訴訟での第1審熊本地裁判決[13]は，最初の，そして減免措置の合法性を認めた唯一の判決である。

　　減免の根拠となる公益性について，熊本地判は社会教育法20条に示された目的こそが公民館の，したがって公民館類似施設の公益性を担保すると述べる。そのうえで，減免対象となる「公民館類似施設」とは「当該施設の利用対象者や設備内容，利用実態等の面において，社会教育法所定の公民館に類していると評価でき，一定の公益性を備えた施設を指す」という判断基準を判示する。ここで注意したいのは，「一定の公益性を備えた」が付加条件ではないことである。

次に判決は，朝鮮会館で社教法22条が例示する事業が実施されること，市内約650名，県内約1200名もの在日朝鮮人を対象とすること，近隣住民の利用は近年ほとんどないが，規則，運用上の制限はないことなどを確認する。そのうえで，朝鮮会館は在日朝鮮人という一定の社会的属性をもった住民を主な利用者とする公民館類似施設であり，「利用者の教養の向上や社会福祉の増進等に寄与する」公益性を有すると判示する。

　さらに，原告が朝鮮総連は北朝鮮政府を支持する政治，思想的団体なので社会教育法23条に抵触すると主張するのに対し，23条禁止規定は公民館類似施設には直接適用されない，また，禁止されるのは「特定の政党の利害に関する事業」，「選挙で特定の候補者を支持する」活動であるとして退け，「利用する団体が政治的活動を行っていることなどをもって，本件土地建物の公益性が損なわれるとは解されない」とする。

　以上のように熊本地判は，公民館類似施設の公益性は社教法20条，22条に準じた目的，事業により「利用者の教養の向上や社会福祉の増進等に寄与」する点に存するのであり，利用者が在日朝鮮人中心である事実や運営主体が朝鮮総連である事実は類似施設のバリエーションに過ぎないとする。これは外国人コミュニティ公民館類似施設の理念を提示したものといえる。だがこの判決は，控訴審福岡高裁判決[14]で破棄されてしまった。

⑵　「不特定多数者の利益」としての公益

　福岡高判は最初に，朝鮮会館の固定資産税等の納税義務者が登記上の所有者 A 商事である点に着目する。そして，A 商事には「会社としての活動」がないので，法や条例の減免条件に「妥当しないのは明白」であり，検討するまでもなく「本件減免措置は，既に違法」だと断定する。

　違法の結論を出したうえで，判決は朝鮮会館の公益性を検討する。その前提として「公益」を「我が国社会一般の利益」と解釈する。

　　地方税法及び本件条例がいずれも我が国法体系の中の法令である以上，この「公益のために」とは「我が国社会一般の利益のために」と解すべきことは，文理上からも，また，その対象が我が国内の固定資産で

ある土地又は家屋等である以上，当然である。

　この公益観をもとに，判決は朝鮮総連の活動拠点である朝鮮会館の公益性を全否定する。

　　朝鮮総聯が，北朝鮮の指導のもとに北朝鮮と一体の関係にあって，専ら北朝鮮の国益やその所属構成員である在日朝鮮人の私的利益を擁護するために，我が国において活動をおこなっていることは明らかである。このような朝鮮総聯の活動が「我が国社会一般の利益のために」行われているものでないことはいうまでもない。

　こうして朝鮮会館への減免は違法だと示したうえで，判決は在日外国人集団を対象とする施設は公民館類似施設たりえないと判示する。

　　公民館類似施設等とは，専ら上記の意味における公益的な活動を目的，内容とする施設を指すものと解するのが相当であり，公民館と同様に，一定の属性を有する者を対象とした施設ではなく，一定区域の住民を広く対象とした施設を予定しているものと解するのが相当である。

　社会教育法20条でいう「住民」の意味が，上述の公益観に基づいて日本人を主体とする「住民一般」として解釈されている点に注意したい。

　福岡高判の提示した公益観は他の判決でも共有されている。「公益」は「広く社会一般の利益」，「不特定多数の者の利用」，「広く一般市民に開放」，「広く一般住民に開放」などと言い換えられ，特定の少数集団に限定された事業，施設の公益性は否定されてしまうのである。

　旭川朝鮮会館への固定資産税課税をめぐる訴訟での控訴審札幌高裁判決[15]は，朝鮮会館が「在日同胞の福祉の増進等に一定の寄与をしていること自体を否定するものではない」としながら，「特定の集団に属しあるいはこれに親和性を持つ者のみが専ら利用者として想定される施設」に公益性がないのは当然としている。

　松本市の長野中央学園内の一部校舎を使用した「朝鮮文化会館」への固定資産税等減免取消しを求めた住民訴訟の控訴審東京高裁判決[16]も，原審判決を追認し，以下のように述べる。

　　活動の目的や実態が社会教育法20条の目的に即している側面のあることを肯定できるとしても，（略）利用が朝鮮総連を始めとして在日朝鮮人

の活動にほぼ限られ（略），一定の属性を有する者にその利用が限局されているという実態は否定できないのであって，（略），松本市地域住民一般に広く開放され利用されているとみることはできない。

⑶ 「公民館的施設」の公益認定の条件

大阪市内20の朝鮮会館に対する減免取消しを求めた住民訴訟での判決は，住民一般への開放を条件としていない。というのも，在日コリアンが集住する同市では，市税条例施行規則で公益事由の減免対象一覧のなかに「在日外国人のための公民館的施設」を例示し，社会教育法20条，22条に準じていれば，利用者が特定国籍の外国人である点は問題としてこなかったからだ。

第1審大阪地裁判決[17]は，この事実を踏まえ，地域に居住する特定外国人集団の「コミュニケーション」や「交流」の促進は，当該地域社会の人間関係の維持・発展や文化形成に寄与し，さらには大阪市の「住民一般の公益に資する」ことを確認して以下のように判示する。

> 「公民館的施設」には，（略），当該地域に居住する同一の国籍を有する在日外国人によって広く使用されている場合も含まれると解するのが相当である。

熊本地判と同じく，外国人コミュニティの公民館類似施設を容認している。とはいえ，それはあくまでも「住民一般の公益に資する」限りである。判決はそのための3条件を提示する。

①「一定区域内に居住する同一の国籍を有する住民のうち特定の団体の構成員であるなど一定の資格を有するものでなければ使用することができない施設」は除外する。

②「当該施設の使用の大半が，在日外国人のための公民館的施設の用途に供されているものであって，それ以外の用途に供されることがあったとしても，それが単発的，例外的な使用に止まるもの」に限る。

③「在日朝鮮人一般を対象とするもの（社会教育やリクレーション等を含む－筆者補）であっても，朝鮮総連関係団体ないし朝鮮総連関係者が主催者となって行う活動」は，「公民館的施設のための使用」とは認めない。

以上の条件は①開放性，②専用施設整備，③教育，文化活動の自律性と言い換えることができ，その限りで公民館的施設にとっての理想，努力目標だともいえる。だが理想を認定条件にすることは，針の穴を通れというに等しい。判決は，20の朝鮮会館のすべてについて，利用者，施設使用，事業主体に関して朝鮮総連との無関係性の客観的証拠がないゆえに「在日外国人のための公民館的施設」に該当せず，減免措置は「違法」だと結論している。

４．「不特定多数者の利益」と外国人マイノリティの学習権

　ここで注目したいのは，税減免を合法とした熊本地判と違法とした他の判決の，「公益」理解の相違である。すべての判決では，朝鮮会館で①社教法20条，22条に準ずる活動が行われている，②利用制限はないが，利用者のほとんどが朝鮮総連関係者である（ことを反証する証拠はない）という事実認識が共有されている。そのうえで，前者は①の事実の公益性を評価し，後者は②の事実に着目して公益性を否定した。この場合，後者は公益を「不特定多数者の利益」と解釈している。要するに，事業自体の公益性と「不特定多数者の利益」としての公益性のどちらを重視するかの相違である。

　「公益」は多義的な概念[18]であるが，旧憲法27条で不可侵の所有権を制約する原理として明記された。経済活動の文脈で，私的利益や営利活動を象徴する所有権に対置されている。これが「不特定多数者の利益」という公益観の原型である。

　戦後は新憲法の「公共の福祉」の後景に退いたが，1990年代以降の民間法人や市民活動による公共サービス提供の促進，そのための法制整備という文脈で，積極的に使用されはじめた。そして，96年9月の閣議決定[19]で示された「不特定多数者の利益」が，「公益性の一応の定義」[20]とされてきた。その要締は，受益が特定集団構成員に限定されないことである。この公益解釈は，1998年の「特定非営利活動促進法」，さらに2006年の「公益社団法人及び公益財団法人の認定等に関する法律」でも採用されている。両法ともに，公益性を有する活動・事業の一覧を例示し，それに該当し，かつ「不特定かつ多数の者の利益の増進に寄与する」ことを公益性認定の条件としている。

朝鮮会館の公益性を否認する判決もこの公益解釈を採用し，特定集団構成員への限定に着目して判断した。福岡高判では，利用者が一般住民ではなく在日朝鮮人という特定少数集団であることが，大阪地判では一般在日朝鮮人ではなく朝鮮総連関係者という特定少数集団であることが否認の根拠とされたのである。その際，意図的，制度的な利用制限のない事実，利用層の限定が社会的排除の結果でもある事実は一切考慮されない。さらに特定集団が不利益集団，脆弱集団なのか特権集団なのか，つまり集団の歴史的，社会的地位に関しても全く問題にしない。あくまでも利用実態が特定の集団に偏っているという「客観的」事実だけが判定根拠とされるのである。

　唯一の例外は，規則，運用上の利用制限がないことに着目して公益性を認容した熊本地判である。それは同判決が社会教育活動自体に教養の向上等に寄与する公益性があるとし，利用者の属性や数に拘泥しないからである。

　以上のことは「不特定多数者の利益」という論理の枠組が，多様な集団の相互扶助的活動，とりわけ「一般住民」に属さない不利益マイノリティを主体とする生活，文化，権利の擁護，実現を目指す事業，運動の普遍的，公共的意義（としての公益性）を受容できない事実を示している。

　だから，朝鮮会館で学習，文化，健康，福祉に関わる教室，集会等が実施されている事実は認めつつも，特定集団構成員の私益，共益の追求，あるいは朝鮮総連の組織活動の一環に過ぎないとされ，そこに実現する利用者の学びと，それを支える学習権の意義は検討されなかった。外国人マイノリティの公民館類似施設のあり方が問われた一連の「公民館裁判」は，利用者の学習権保障という核心的論点に触れることのないまま終焉したのである。

おわりに

　本稿では，外国人コミュニティの公民館類似施設に対する公的支援の廃止が，北朝鮮に対する制裁という政治的文脈上で推進され，「不特定多数者の利益」という「公益」論理に基づいて，外国人の学習権保障という核心的論点を回避して処理されたことの不条理を指摘するにとどまった。与党の改憲案が「公共の福祉」にかわる人権制約原理として提示する「公益」概念の問

題性については十分に論じられなかった。さらに，朝鮮会館で実践されている教育，文化活動を在日朝鮮人の学習権保障という観点からどう評価するかという基本的問題にも触れられなかった。今後の課題としたい。

【註】

1）地方税法702条の八の定めにより，固定資産税と同率の減免が都市計画税に対しても適用される。そこで，両税を一括して固定資産税等と表記する。

2）以後，本稿で自治体と表記するのは，市町村および東京都（23区）のことである。ただし，実際には村は該当しない。

3）Recommendation on Adult Learning and Education, 2015（ED-2016/WS/29）

4）http://www.chongryon.com/j/cr/link_map.html（2020年7月20日最終閲覧）

5）『読売新聞』2003年6月17日朝刊は，同社の全国調査が182施設を対象としたことを報じている。これは同時点における施設数の最低限を示すと考えられる。

6）老朽化のため解体され，2011年に新会館が建設されている。

7）北野弘久「『朝鮮総聯』の固定資産税問題」『立命館法学』2005年2・3号130～143頁。

8）豊田市の施行規則には「在日本大韓民国居留民団及び在日朝鮮人総連合会（各団体の関連団体を含む）が使用する事務所および事務所用地」という事項があった。

9）京都市は地方税法6条の「公益上その他の事由」による課税免除規定を適用していた。

10）『朝日新聞』2003年2月20日朝刊。

11）『産経新聞』2003年8月25日朝刊。

12）『朝日新聞』2004年3月9日夕刊は「公益性どう判断…悩む自治体，大半は静観」と報じている。

13）熊本地判平成17年4月21日（LEX/DB 文献番号28110902）。以下の引用は判決文の「第3　争点（本件免除措置の適法性）についての当裁判所の判断」から行った。

14）福岡高判平成18年2月2日（LEX/DB 文献番号28110425）。以下の引用は判決文の「第3　当裁判所の判断」から行った。

15）札幌高判平成19年7月20日（LEX/DB 文献番号28131892）。以下の引用は判決文の「第3 当裁判所の判断」から行った。

16）東京高判平成20年11月26日（LEX/DB 文献番号25463162）。以下の引用は判決文の「第3 当裁判所の判断」から行った。

17）大阪地判平成24年12月20日（LEX/DB 文献番号25445824）。以下の引用は判決文の

「3 判断枠組み」から行った。

18) 小松隆二「公益とは何か―公共と公益はどう違うか―」間瀬啓允編『公益学を学ぶ人のために』世界思想社，2008年，4頁〜27頁参照。

19)「『公益法人の設立許可及び指導監督基準』及び『公益法人に対する検査等の委託等に関する基準』について」（平成8年9月8日閣議決定）。

20)「『公益法人の設立許可及び指導監督基準の運用指針』について」（平成8年12月19日関係閣僚会議幹事会申し合わせ）。

図書館における
「学習へのフリーアクセス」と無料原則

石山 雄貴・田開寛太郎・菊池　　稔

はじめに

　社会教育施設である図書館，博物館では，それぞれ図書館法，博物館法に無料原則が明記されている。ただし，多くの博物館では，「博物館の維持運営のためにやむを得ない事情のある場合は，必要な対価を徴収することができる」（博物館法第23条）を援用し，入館料を徴収している実態がある。一方，公民館の設置目的及び運営等について規定する社会教育法に無料原則はない。ただし，三多摩テーゼが代表するように「住民が公民館を無料で利用していくことは当然の権利」とされ，実態として多くの公民館の使用料は無料となっている。朝岡幸彦は，堀尾輝久の「権利としての教育」[1]の思想に着目し，公民館の受益者負担論の導入を批判するなかで，「権利としての教育」が保障する「『能力に応ずる教育』を『発達の必要に応ずる教育』と理解」することで無償の教育は生涯にわたる教育へと拡大されなければならなくなる，と指摘している[2]。

　しかし，公民館の使用料を規定する各地の条例では，その無料原則が明確に示されるのではなく，使用料に関する記載がないことや，受益者負担の適正化による減免措置制度によって使用料の有無が判断されることが多く，公民館が住民に無料で開放されるための必然性が極めて曖昧な状況にある。その結果，無料原則に反する受益者負担や有料を前提とする減免措置制度の導

入が広がっている。さらに，公民館講座において受益者負担による受講料を徴収している実態も少なくない。こうした状況を乗り越えていくためには，公民館を始めとする社会教育施設において，住民の学習権を保障する手段として無料原則を積極的に位置付けていく必要がある。

　そこで本研究では，社会教育施設の中でも特に無料原則が明確な図書館に着目する。そして，「戦後公共図書館」の構成理念が出そろう1970年代初頭ころまでの知的自由の保障や学習権の保障といった図書館の社会的役割に関する議論や，有料制の一部導入を提案した生涯学習審議会答申「社会の変化に対応した今後の社会教育行政の在り方について」（1998年）をめぐる議論をもとに，図書館の教育的役割に対する無料原則の位置付けを検討する。それらを通して，住民の学習権を保障する社会教育施設における無料原則の拡大に向けた議論の論点を示すことを目的とする。

1. 図書館法理念の実質化に向けた図書館の展開過程

⑴　知的自由を保障する拠点としての図書館

　戦後の公共図書館は図書館法によって法的根拠を得た。しかし，法成立過程において図書館関係者の間では，当時の社会情勢，公共図書館の実態などを充分にふまえた上で，公共図書館像を描くということがあまりなされなかった[3]。そのため法制定直後は，図書館活動が，なかなか確かな実体を持つことができず沈滞する状況にあった。そうしたなかで図書館法理念の実質化を進めていく契機となったのが，『中小都市における公共図書館の運営』（以下，中小レポート）（1963年）である。

　これは，日本図書館協会内の「中小公共図書館運営基準委員会」による，中小都市の図書館の実態から活動の貧しさの要因，実態を掘り下げ，図書館状況を転換していく方法を探る調査の報告書である。『中小レポート』では，公共図書館の基本に憲法と教育基本法を位置付け，知的自由の保障の観点から図書館の役割を捉えた[4]。また，資料を求めるあらゆる人々やグループに対し，効果的にかつ無料で資料を提供する「資料提供」を図書館活動に

おける「本質的，基本的，核心的なもの」として位置付け，「貸出」を重視した。そうした図書館活動の方向性は，その後の貸出を中心とする図書館運営への大きな転機を促すこととなった。しかし，当時の図書館の状況から町内会等のグループに貸出したり，特定の場所に数十冊の本を置く団体貸出の優先を提案しており，まだ住民一人ひとりの資料要求に確実に応えていくことの重要性は十分に認識されずにいた[5]。

　その後，『中小レポート』によって示された図書館の果たすべき機能を検証し，このレポートが「あくまで提言でしかない」という弱点を克服していく取り組みが東京都日野市立図書館で行われた。そして，全国の公共図書館で『中小レポート』の提言が実践的に進められ，レポートの要であった「貸出」を伸ばしていく取り組みの中で，図書館の利用を妨げている要因が顕在化し，それが住民の立場から施設運営の仕組みや図書館員の仕事を全面的に問い直していくことにつながっていった。さらに，1968年，日野市立図書館の実践の普遍化を目指す「公共図書館振興プロジェクト」が日本図書館協会によって実施され，その報告書が『市民の図書館』としてまとめられた。

　『市民の図書館』では，図書館の社会的役割を「国民の知的自由を支える機関であり，知識と教養を社会的保障する機関」とし，個人への貸出を重視した。そして，『中小レポート』であまり言及されなかった「利用者＝市民としての子供と女性を発見し，サービスの主要な対象」とし，図書館を「組織として定義し，全域奉仕網を構築すること」を提起した[6]。

　こうした1960年代〜70年代における『中小レポート』から『市民の図書館』までの図書館法理念の実質化のなかで，住民一人ひとりが持つ知的自由の保障のために「個人」を対象とし一人ひとりの求めに応じて，求められた資料を確実に提供するという，図書館の寄って立つ基盤を形成していったのである。

⑵　学習権を保障する拠点としての図書館

　『中小レポート』後，日野市立図書館の取り組みを経て新しい図書館像を目指していく運動が図書館問題研究会（以下，図問研）を中心に大きく展開

した。そしてその中で、改めて貸出を伸ばすことの意味を深く問い、住民と図書館との結びつきの一層の飛躍を期待するところに実践理論として、図書館における住民の学習権保障という捉え方が生まれていった[7]。各地での図書館づくり運動や教科書裁判を通して進展をみる国民の学習権理論の深まりに影響を受けながら、図書館の役割として「住民の学習権を保障する働き」を位置付けることが図問研を中心に議論された[8]。

　学習権と図書館活動の関わりについて、塩見昇は石川県七尾市立図書館における「貸出を伸ばす」実践の報告（第20回図書館問題研究会全国大会記録）より、住民の「求めに応ずる」資料提供を根幹にした働きによって、図書館は住民の「探究の自由」、「真実への権利」に関与し、学習権を保障する機能を果たすことができる、としている[9]。また、天満隆之輔は、学習権を成り立たせる教育の基本的性格について、住民の生活実践のあるところどこにでも教育の根があるという社会的普遍性、教育には限りがないという発展可能性、学問・科学の発展は住民の生活実践と切り離せないことの3点を挙げ、それぞれの図書館活動との関わりを指摘している[10]。さらに、多田秀子・森崎震二は、公共図書館は住民の教育権を保障する機関である事を核として初めて成立しうる、と指摘している[11]。

　実践面でも、学習権の保障と図書館サービスとを結び付けていくなかで、予約制度、集会室等の取り組みが推進されていった。なかでも障害者サービスの展開は学習権保障における「学習者」の内実を拡充する契機となった。視覚障害者読書権保障協議会（以下、視読協）は、図書館資料の視障者への開放について「視障者が利用できるようになっているだろうか。全く否である」と問題提起し[12]、「読書権」の思想の普及と深化を図る取り組みを進めた。さらに、視覚障害者へのサービスが広がっていくなかで1974年の図書館大会から〈障害者への図書館サービス〉部会が設けられた。障害者へのサービスは、「私たちも市民だ」という当事者からの提起で覚醒された課題であり[13]、課題の顕在化によって、公共図書館の本質的な機能を享受する対象としての「利用者」の内実が問い直されていった。そしてそれは、図書館サービスからの疎外が距離的な問題だけではないことを明らかにするとともに、その延長線として、視覚障害者のみに限定するのではなく「図書館サービス

から疎外される人たち」という意味での「障害者」サービスとしての多様な展開が進んでいった[14]。その結果，運動の当初から用いられていた「読書権」は視覚障害者の問題から拡大し，「何らかの理由により読書することができない，または困難な環境にあるものが自由に読書できるような条件を整備することを国や自治体に要求する権利」と定義され[15]，いかなる人でもいつでも図書館の資料にアクセスすることを志向するに至っている。

　上記のように学習権との関わりから見る図書館サービスの展開は，視読協の取り組みに代表される住民自身による「権利としての図書館」としてその自覚化の過程であり，その権利を保障するために「図書館利用に障害のある人々」が抱える課題の解消を図る過程であった。また，図書館サービスとしての貸出は，学習者自らが適当な物事を教材として適当な時期に進んで学ぶ「自学」を保障するとともに，公民館等で展開される学習にも必要な資料や情報へのアクセスの保障を内包する。その意味で，図書館は，資料の持つ教育力と読者の選び，読む自由を基調として，住民の学ぶ権利を保障する確かな資料提供を志向する[16]社会教育施設となるのである。

(3)　図書館における無料原則の根拠と図書館資料の拡充

　「公開性」「公費支弁」「無料性」というパブリック・ライブラリーの要件を最初に示したボストン・パブリック・ライブラリー報告書では，「無償教育を提供しているのと同一の原則に基づき，また公共政策ないし義務として，健全で滋養に富む図書をすべての人に供すべき必要がある」[17]と図書館の無料原則の根拠を公教育の延長としていた。

　このパブリック・ライブラリーの要件は図書館法制定を通して日本に導入されたものの，法制定時には要件の一つである「無料性」の導入について議論が分かれた。日本の図書館関係者から提出された図書館法規改正案近畿案（1946年）や公共図書館法文部省案（1949年）等では，図書館法で閲覧料の徴収を認めたり，教育委員会が徴収の許可権を持つこととし，閲覧料を徴収する余地を残すことが提案されていた。そもそも戦前の日本の公立図書館では通例入館料や図書貸出料を徴収していたため，無料原則を強く求めるアメ

リカの民間情報教育局（CIE）側と日本側には強い温度差があった。ただ
し，測定時，文部省社会教育局長だった西崎恵による法解説『図書館法』で
は，第17条にある法理念として「公立図書館が真に住民全部のためのもので
あり，利用しようとする人に常に公開されるべきものであるためには，この
報告書[18]を待つまでもなく，無料公開にさるべきは当然である」と図書館利
用の公共性を無料原則の根拠とした解説をしている[19]。

　図書館法制定後，無料原則が問われることはほとんどなかった。しかし，
1980年代以降の行政改革と図書館財政の貧弱さを背景に有料化論が台頭し始
め，特に1998年の生涯学習審議会答申「社会の変化に対応した今後の社会教
育行政の在り方について」（中間まとめ）を契機に有料化に関する議論が活
発化した。中間まとめでは，「今後公立図書館が高度情報化時代に応じた多
様かつ高度な図書館サービスを行っていくためには，電子情報等のアクセス
にかかる経費の適切な負担のあり方の観点から，サービスを受けるものに一
定の負担を求めることが必要となる可能性も予測される」とした[20]。さら
に，生涯学習審議会社会教育分科審議会計画部会図書館専門委員会は，図書
館においてインターネットや商用オンライン・データベースの利用は，図書
館法第17条にいう「図書館資料の利用」には当たらないという解釈を示し
た[21]。

　こうした中間まとめに対して，日本図書館協会は反対の立場をとる。無料
原則は公立図書館が持つ「民主主義を支え，育み，住民自治を支える機関と
して重要な役割」を支える基盤であり，「誰もが人間らしく生きるために欠
かせない資料・情報に差別や疎外なくアクセスできることを公的に権利とし
て保障する仕組み」として図書館サービスを発展させてきた基本原理であ
る，という解釈を示した[22]。また，第17条にある「図書館資料」は，「図書
館がその目的達成のため相互に協力する存在であり資料の共通利用を図書館
活動の基本的なあり方に据えるに至っている現在，これを個々の図書館が現
に持っている資料とのみ限定的に捉えるのは適当でない」とし，提供するメ
ディアによる制限は「図書館の社会的役割を狭めるもの」だとした[23]。

　そもそも，図書館法制定の出発点となったCIEによる報告書では「貸興
する図書館が凡ての送料を負担するから読者に対する全てのサービスは無料

である。かやうにして読者が何処に居住するとしても，日本国内の全図書館組織を利用し得て，図書館サービスは均等となり，凡ての図書館の蔵書はできる限り活用され，図書館サービスは経済的となり，読書の要求を満たす為凡ての可能な方法が盡されて図書館サービスは完全とな」る，と指摘されていた[24]。これがそのまま図書館法として実現したのではないが，図書館第3条第4項には，館種と地域を超えた図書館の相互協力網の形成により，どこにいても資料へのアクセスを保障することが目指されている。また，西崎による『図書館法』では，図書館は「住民本位の図書館，サービス本位の図書館は，必らず（ママ）土地の事情や土地の住民の要望にぴったりと結びつ」かなくてはならないとし，「当時，奇異な感があった美術品，レコード，フィルムの収集も，図書館がレクリエーション・センターとしての機能を持つようになってきた結果，この機能に応じて，図書館資料の収集の範囲も拡大されるのは当然である」としている[25]。こうした図書館法制定時の理念に基づいて考えると利用者のニーズに応じて図書館が資料を収集し保管するだけでなく，住民に提供する図書館資料も変化していくことを前提として設計されており，それによって図書館サービスのあり方も時代の経過に即して，拡大していく必要があると考えられる。

2．図書館における「学習へのフリーアクセス」のあり方

(1) 無料原則の根拠としての「資料へのフリーアクセス」

　これまで確認してきたように，図書館は図書館法理念に基づき，時代状況や住民の情報要求によって常に図書館サービスを拡大してきた。それにより，いかなる情報要求を持ついかなる人でも，どこにいても，どの図書館に行っても，全ての資料にアクセスすることができる「資料へのフリーアクセス」が目指されてきた。そして，図書館サービスの拡大を通した「資料へのフリーアクセス」によって，「公立図書館が真に住民全部のためのものであり，利用しようとする人に常に公開」[26]することに接近し，図書館固有の役割である知的自由の保障を志向してきたのである。

こうした図書館サービス拡大の原動力となるのは，住民の資料要求そのものである。住民の資料要求は，図書館や行政側がその枠組みや区切りを決めるべきものではなく，それは学習の発展過程やその住民一人ひとりが置かれている状況によって多様に存在する。それゆえに，住民の資料要求は無限性を持つ，と考えられる。際限のない資料要求に応えていくならば，図書館サービスも無限に拡大し，図書館で提供する図書館資料も際限なく提供されなくてはならない。そして，図書館サービスの拡大の基盤となるのが，図書館法第17条であり，無料原則なのである。図書館サービスが有料であったら，際限のない住民の資料要求に対応することができない。つまり，日本の図書館の無料原則の根拠は，パブリック・ライブラリー思想の当初にあった「公教育の延長」にあるのではなく，知的自由の保障という図書館固有の役割を果たす「資料へのフリーアクセス」にあると考えられる。

⑵　「資料へのフリーアクセス」と「学習へのフリーアクセス」

　九条俳句訴訟を契機に提示された「大人の学習権」に関して，久保田和志は「大人の場合には，自己学習・相互学習を際限なく保障することが合理的である」としている[27]。また，「権利としての社会教育」が提唱された際には「だれでも・いつでも・どこでも・自由に学ぶ権利」という表現が用いられている[28]。さらに，天満も教育の際限のない発展可能性を指摘している[29]。つまり，住民一人ひとりの学習要求も本来際限ないものであり，所在の自治体や整備された社会教育施設・学校施設のあり方に制限されるものではない。また，学習権宣言では，学習権を「人類の一部のものに限定されてはならない」ことや「学習活動はあらゆる教育活動の中心に位置づけられ」ることを指摘している。つまり，学習権の保障には，無限性を持つ住民一人ひとりの持つ学習要求に応えていく必要があり，そのために学習を際限なく保障していく必要がある。ゆえに，それが達成されない住民が持つ状況を課題化することで学習者の内実や保障される学習内容を常に拡大し，学習へのアクセスに対する一切の障害を取り除いた「学習へのフリーアクセス」が学習権の保障には不可欠となる。

塩見は，図書館における教育的機能として，読みを支える資料提供，学び
のための情報提供，読みを共有し，深め，創造する機会と場の提供，生きる
力として読み，調べる能力の獲得を援助，文化活動の企画と機会の提供，
「市民の大学」としての学習・資料センター，学びの場への資料補給を挙げ
ている[30]。それらの図書館が持つ教育的機能は，図書館サービスの本質であ
る図書館資料による学習が中心にあると考えられる。こうした図書館におけ
る学習に対し，「資料へのフリーアクセス」の保障を通して学習に必要な資
料を無限に提供することで，図書館に対する無限の学習要求に応え「学習へ
のフリーアクセス」を果たしていくのが，学習権保障に対する図書館の役割
だと考えられる。

おわりに

　本稿では，図書館の社会的役割や無料原則に関する議論から，知的自由の
保障という図書館固有の役割を果たすためには，図書館サービスの拡大によ
る「資料へのフリーアクセス」が不可欠となること，「資料へのフリーアク
セス」の保障が図書館の無料原則の根拠となること，そして，「資料へのフ
リーアクセス」により無限の資料提供を保障することで，学習要求が本来持
つ「無限性」に対応し，図書館法の枠組みにおいて学習権保障に必要な「学
習へのフリーアクセス」の達成を可能にすることを指摘してきた。
　今後の課題として，以下のことが考えられる。基本的に図書館における
「資料へのフリーアクセス」によって，フリーアクセスが達成される学習
は，図書館の枠組みである図書館法に基づき提供される図書館資料による学
習である。そのため，住民一人ひとりの学習権保障には，学校や各社会教育
施設が持つ専門性に基づき，各施設での「学習のフリーアクセス」が保障さ
れなくてはならない。奥平康弘は，人権としての「知る権利」について，
「自由でゆたかな情報の流れが確保されているといえるならば，知る権利は
満足させられることができる」とし[31]，その情報の流れのサブ・システムと
して社会教育を位置づけている。そして，その社会教育において，「教育を
受ける者が，他のものとの機会均等を配慮するという限定には服するもの，

自らが受けるべき情報（教育）の内容を決定することができるのでなければなるまい」と指摘している[32]。自らが受けるべき情報（教育）の内容を決定するためには，それを制限する人為的方法の一切を拒否しなくてはならず，各施設での「学習へのフリーアクセス」を保障することがその前提になる，と考えられる。そして，それらの「学習へのフリーアクセス」の保障こそが社会教育施設が無料原則を持つ必然性の一つの根拠となる，と考えられる。さらに，三輪定宣は，「生涯にわたり，学校などのフォーマル（制度的な）教育やそれ以外の様々なインフォーマル（非制度的）な教育・学習が経済的条件に関係なく，すべての人に平等に満遍なく行き」わたる「無償教育社会」の実現を求めている[33]。したがって，各教育施設が保障する学習の性格の違いを踏まえつつ，生涯にわたる「学習へのフリーアクセス」を軸とした教育施設全体の無料原則の議論が今後求められる。

　例えば，社会教育法には，社会教育法第3条や第20条で社会教育の目的やその教育活動のあり方が明記されている。それが公民館の専門性に基づき保障する学習のあり方であるならば，その学習の目的や対象，方法を狭める障壁は一切取り除き，その内実を豊かにしていくことで公民館の枠組みの中での「学習へのフリーアクセス」が達成されなくてはならない。公民館での使用料や受講料に関する受益者負担や有料制の導入は，経済的状況による対象者の制限や無償の範囲を示すことを通した公権力による学習の目的や方法の選別であり，本来公民館で保障する学習の幅を狭めることにつながる。ゆえに，無料原則は「学習へのフリーアクセス」に不可欠な原則であり，その意味で公民館を学習権保障の一拠点として位置付けていくための基本的原則となる，と考えられる。

　さらに，「学習へのフリーアクセス」には，無料原則の積極的位置づけと同時に，無限の学習要求を効率よく援助することが必要となる。その意味で職員の専門性や設備のあり方，それらを保障する公費のあり方が問われることとなる。そのため住民の学習権保障に向けて，「学習へのフリーアクセス」を起点とした職員論や施設論，財政論を議論していくことが課題として残されている。

【註】

1）堀尾輝久『人権としての教育（岩波現代文庫）』（岩波書店，2019年（1991年））に詳しい。

2）朝岡幸彦「『受益者負担』論批判」教育科学研究会・社会教育推進全国協議会編『教育，地方分権でどうなる』，国土社，1999年，pp.104-105.

3）裏田武夫・小川剛『図書館法成立史資料』，日本図書館協会，1968年，p.73.

4）塩見昇『知的自由と図書館』青木書店，1989年，p.163.

5）塩見昇「国民の学習権と図書館理論の形成」小林文人編『講座現代社会教育Ⅵ公民館・図書館・博物館』，亜紀書房，1977年，p.193.

6）山口源治郎「『市民の図書館』の歴史的評価をめぐって：誌上討論「現代社会において公立図書館の果たす役割は何か」を振り返る」『図書館界』第59巻，第5号，2008年，p.310.

7）塩見昇「図書館と社会教育」千野陽一・野呂隆・酒匂一雄編『社会教育実践講座第1巻　権利としての社会教育』，民衆社，1974年，p.86.

8）塩見昇（1977年），前掲，p.199.

9）塩見昇（1974年），前掲，p.88.

10）天満隆之輔「学習権を成りたたせるもの―図書館活動における学習権の問題」『図書館界』第24巻，第1号，1972年，pp.10，35-37.

11）多田秀子・森崎震二「国民の教育権と公共図書館事業」『図書館学会年報』第16巻，第1号，1970年，pp.10-12.

12）視覚障害者読書権保障協議会「視読協とその視覚障害者の読書環境のビジョン」『図書館界』第24巻，第4号，1972年，pp.165-166.

13）塩見昇「公立図書館のあり方を考える」『図書館界』第56巻，第3号，2004年，p.170.

14）同上，p.170.

15）図書館問題研究会『図書館用語辞典』，角川書店，1982年，p.410.

16）塩見昇「学習社会における図書館：図書館の教育機能」『教育学論集』第20号，1991年，p.8.

17）ジェシー・H・シェラ（川崎良孝翻訳）『パブリック・ライブラリーの成立』，日本図書館協会，1988年，p.304.

18）米国教育施設団報告書を指す。

19）西崎恵『図書館法』，日本図書館協会，1970年（1950年），p.99.

20）生涯学習審議会「社会の変化に対応した今度の社会教育行政の在り方について（中間

まとめ)〈概要全文と本文抜粋〉」『図書館雑誌』第92巻，第5号，1998年，p.361.

21）生涯学習審議会社会教育分科審議会計画部会図書館専門委員会「図書館の情報化の必要性とその推進方策について―地域の情報化推進拠点として―（報告）」，1998年。

22）日本図書館協会「資料　公立図書館の無料原則についての見解」『図書館雑誌』第92巻，第9号，1998年，p.808.

23）同上，p.810.

24）裏田・小川，前掲，p.110.

25）西崎，前掲，p.66.

26）西崎，前掲，p.99.

27）久保田和志「九条俳句訴訟と市民の学習権・公民館の自由」『日本教育法学会年報』第46号，2017年，p.83.

28）千野陽一「権利としての社会教育」千野・野呂・酒匂編1974年，前掲，p.12.

29）天満，前掲，pp.36-37.

30）塩見（1991年），前掲，pp.11-13.

31）奥平康弘「知る権利の保障と社会教育」『月刊社会教育』第24巻，第5号，1980年，p.15.

32）同上，p19.

33）三輪定宣『無償教育と国際人権規約―未来をひらく人類史の潮流』，新日本出版社，2018年，p.42.

学芸活動を保障する「博物館の自由」の課題

―市民企画展一時中止問題を伊藤寿朗博物館論から見る―

栗山　究

はじめに

　2019年，愛知県美術館を会場に開催した「あいちトリエンナーレ2019」（以下，芸術祭）の企画展「表現の不自由展・その後」（以下，市民企画展）に対し，その公開を否定する匿名の市民による抗議と暴力に訴える威嚇が展開した。市民企画展は，芸術祭実行委員会会長である地方自治体の長の判断により，一時公開中止に至った。この問題の起点には，富山県立近代美術館問題がある。富山県立近代美術館問題は「博物館の自由」論が問われた裁判であった。

　この問題に対し，これまで博物館ではどのような議論が展開してきたのだろうか。伊藤寿朗（1947-1991）は，学芸活動の保障を「博物館の自由」として理解した。学芸活動とは，探究し表現しあう営みであり，その活動は人びとの学びあう自由を前提に，社会的権利として保障されている。これが，伊藤の説く「博物館の自由」論の本旨である。

　　博物館の自由とは設置者のための自由ではない。博物館法は，市民の権利を保障し，博物館－そして学芸活動の－自由を保障するために必要な法律である[1]。

晩年の伊藤の記す「博物館の自由」論は，形式的には1947年教育基本法－社会教育法－博物館法体系の価値に基づく博物館論から主張された。学芸活動を保障する博物館論を展開するためには，伊藤の博物館論に遡り，その現代的視座から歴史的視点を踏まえて立論する必要がある。

1．学芸活動を保障する「博物館の自由」論の必要性

⑴　市民企画展の一時中止

　「表現の不自由展・その後」実行委員会を企画運営主体として開催された市民企画展は，富山県立近代美術館（1986）を起点に，沖縄県立博物館・美術館（2009），東京都美術館（2012，2014），千葉県立中央博物館（2013），さいたま市三橋公民館（2014），東京都現代美術館（2016），千葉市美術館（2016），群馬県立近代美術館（2017），国立新美術館（2018）など各地の施設で，一時的でも公開が否定された作品を収集・展示する構成となっていた。入場者は，展示資料の鑑賞のみならず，解説展示から船橋市西図書館（2001），横浜美術館（2004），愛知県美術館（2010，2014，2019），神戸市ファッション美術館（2010），目黒区美術館（2011），森美術館（2013），埼玉県平和資料館（2013），東京都現代美術館（2015），北海道博物館（2015），大阪国際平和センター（2015），広島市現代美術館（2016），北杜市中央図書館（2016），府中市美術館（2016），アクティブ・ミュージアム「女たちの戦争と平和資料館」（2016），京都市美術館（2017）など，各地のさまざまな類似事例を知り，各種報道や社会背景などを学ぶことができる内容となっていた。

　市民企画展はその後，芸術祭実行委員会との協議により公開中止が解かれた。しかし芸術祭の残りの会期期間は，展示室入場のための厳格な抽選体制が敷かれ，入場者検査と時間制限を設けたなかでの公開方式が採られた。そこでは入場者への事前レクチャーと対話型鑑賞の機会が保障されたが，戦後博物館が基盤としてきた公開原則を歪めた形態での開催となった。会場である愛知県美術館は，県民文化局所管の博物館相当施設として県教育委員会よ

り認定を受けた社会教育施設である。社会教育施設である博物館を会場に開催した資料に関する市民の学芸活動が，市民企画展を選定した行政より一時的であれ否定されたという意味で，「博物館の自由」に抵触した博物館問題として検討していくことが求められる。

⑵　語られない社会教育法――博物館法体系の価値

　2019年，芸術祭の出展者有志は，市民企画展の公開中止に際し，その再開をめざす過程で，今後の芸術祭において「表現の自由」を「守り，育て，広げていく」ことを目的に「あいち宣言・プロトコル」（以下，プロトコル）を策定し，芸術祭実行委員会に提出している。

　そこでは「芸術祭の会場としての美術館の役割」も考察された。プロトコルでは「芸術祭の会場となる美術館は，芸術祭とは異なる日常的使命と役割を持つため，直接的な責務を負いませんが，事業の実現及び維持のために，可能な限り主催者と協力することが求められます」とし，2017年に全国美術館会議が策定した「美術館の原則と美術館関係者の行動指針」に依拠する旨を宣言している。プロトコル起草過程では，資料の保管を重視する美術館と市民の活動を重視する美術館とを一律に語ることの困難が指摘され，個々の施設がその規模や役割に依拠し「実現の条件を構成する」ことこそが柔軟な事業の企画運営を可能とするとし，美術館の規定を上記の明文に留めた旨を解説している[2)]。つまり2019年時点の実態を優先した文言となっているところに，プロトコルの特徴がある。

　社会教育法－博物館法体系では，博物館は自らの事業として資料に関する各種集会を援助することを規定（博物館法第3条）しており，博物館の日常的目的と役割こそが市民の学芸活動に内在することを前提としている。他方でプロトコルは，その根拠を文化芸術基本法制に求めている。そこでは社会教育法－博物館法体系の価値は語られていない。2001年に制定した文化芸術基本法（2017年，同法名に改称）は，国が博物館や美術館を支援し必要施策を講ずることを規定（第26条）する一方，社会教育法－博物館法体系との関連は示されていない。かつて「博物館の自由」論が参照軸とした社会教育法

－博物館法体系の価値が顧みられない傾向をもつ状況において，文化芸術基本法制は，社会教育法－博物館法体系をいかに関連づけていくのか。文化芸術基本法制の成立は，日本の博物館法制に対し，あらためて学芸活動を保障する「博物館の自由」論に注目する必要を示している。

２．「博物館の自由」論の必要が問われた富山県立近代美術館問題

(1)　市民企画展一時中止問題の起点

　市民企画展の展示資料は，富山県立近代美術館問題が博物館における「表現の不自由」が顕在化した一つの起点であることを示していた。富山県立近代美術館問題を，市民と社会教育施設との関係に即してふりかえる[3]。

　1986年，富山県立近代美術館が所蔵した公開資料に対する富山県議会議員からの「不快」発言をきっかけに一部市民の美術館への威嚇抗議が始まり，美術館は当該資料を非公開とした。他方，富山県立図書館は同資料の掲載図録の納本を美術館に要請し，美術館は非公開を条件に応じた。図書館は当該資料を非公開としたところ翌年，日本図書館協会は「図書館の自由に関する宣言」に立ち，同図書館に対し資料の非公開措置の見直しを勧告した。1990年，図書館が資料を制限付き公開したところ，市民が同資料を破損させる事件が発生する。1995年，当該市民の有罪が確定するが，この間の1993年，美術館は作家の合意を得ず，資料の売却と図録焼却を行った。作家と作家を支援する市民は1994年，美術館の行為を司法に問うたが，司法は2000年，資料非公開と資料利用の拒否を下した美術館の行為に正当性を認め，敗訴した。

(2)　富山県立近代美術館問題が提起した博物館問題

　この裁判では1999年，博物館学の立場から君塚仁彦が「博物館の自由」論を説いている[4]。日本国憲法と1947年教育基本法－社会教育法－博物館法体系の価値に基づき，博物館のあり方が法廷で初めて検討された。君塚は1990年代初頭，歴史系博物館での体験から学芸員の専門性が発揮されない問題を

「表現の不自由」と表現し，富山県立近代美術館問題と関連づけて提起していた[5]。法廷のやりとりでは，例えば「博物館の自由」の主体の問題や範囲など「博物館の自由」論を展開するに際し，細部に亘る論理関係の曖昧さが指摘される。司法は「博物館の自由」論への価値判断は示さず，検討過程ではむしろ，これから「博物館の自由」論を鍛えるうえでの論点が提示された性格のものとなった。

　同時期に犬塚康博は，D.F. キャメロンが1971年に提起した議論を1990年代に日本に紹介した山本珠美の研究を下敷きに，「神殿」としての博物館論から「フォーラム」としての博物館論へ博物館の認識が推移しているという動向を確認したうえで，富山県立近代美術館問題を取り巻く社会関係に言及している[6]。そこからは以下の課題を確認できる。第一に，日本の博物館研究は1970年代以降，伊藤の博物館論をもって「フォーラム」論を検討し得る理論的枠組みを開示しているものの1990年代以降，その理論的追究が進展していない。第二に，公開に反対する市民は，前提として博物館を「神殿」と見なし，賛成する市民は，表現の自由や鑑賞する権利の侵害を声明するという構図が見られる。しかし両者とも，論点となるはずの博物館への意味が問われない。第三に，美術館自体が，博物館という社会教育施設である自らの存立基盤を問うていない。犬塚は，これら主体の不作為の日常化が，議論を法廷へと移行させたと理解している。

　同時代の各地の博物館と図書館の「紛争」を1947年教育基本法‐社会教育法体系の価値に即して分析した徳村烝は，2000年の判例を踏まえた一連の展開から富山県立近代美術館問題を総括した[7]。第一に，美術館は，議員，市民団体，行政の圧力により資料を非公開，売却，焼却し，市民の鑑賞する権利，知る権利，芸術の自由を剥奪する「思想統制装置としての機能」を果たした。第二に，司法は，社会教育施設である博物館の役割に積極的解釈を加えず，行政と博物館の上述の裁量権に合法性を認定した。この判示は「行政権力による美術館の否定」であり「国民主権の敗退」として「はかり知れない負の遺産」を託すに至ったとみる。徳村はそこから博物館の課題となる以下の提言を示した。第一に，博物館は1947年教育基本法‐社会教育法体系の価値に即した運営を考慮しない問題に向き合う必要がある。第二に，博物館

は日本図書館協会「図書館の自由に関する宣言」に倣い「住民の学ぶ権利，知る権利を保障する」視座からの「博物館の自由」の宣言が必要である。第三に，行政に対し相対的独立性をもつ専門的職員である学芸員やその職能集団は「博物館の自由」に抵触し得る事案に率先して向き合う責任がある。第四に，博物館は協議会の仕組みを社会的に機能させる必要がある。

　新井重三（1920-2004）の「博物館の自治」論を手がかりに伊藤の記す「博物館の自由」論の展開を試みる井上敏は，2000年の判例を「博物館の存在自体を矮小化するもの以外何物でもない」と批判している[8]。近年では，さいたま市三橋公民館の九条俳句訴訟を受け，手打明敏が公民館研究の立場からふりかえっている[9]。手打は九条俳句訴訟以前から博物館や図書館では「学習の自由，表現の自由」が規制される問題が起きていたとし，富山県立近代美術館問題をその代表事例に位置づけた。しかしその理論と実践の蓄積が「社会教育の自由」として議論されることがなかったことを課題とし，今後は博物館，図書館の関係者と共通の課題として「学習の自由，表現の自由」を守り発展させるために，協働の取り組みを期待している。

(3)　議論から見出される「博物館の自由」論の要件

　2000年の司法判断は「博物館の自由」が否定されたと解釈できる一方，富山県立近代美術館問題を博物館の問題として分析した個別の先行議論からは「博物館の自由」論を築くうえでの要件が提示されたことがわかる。

　第一に，日本の市民社会では，博物館への理解に対する対話の機会が必要であり，市民の対話を促進するために博物館の職能集団（学芸員など関係者）の関わりが求められる。ここでの対話は，市民の学習として保障される必要がある。第二に，職能集団は自律的である必要があり，その方法として「博物館の自由」論の策定が求められる。この「博物館の自由」論とは，日本国憲法と社会教育法－博物館法体系の価値より市民の権利として求められるもので，他の社会教育施設（図書館，公民館）との連帯も必要となる。第三に，博物館研究においては伊藤の博物館論が参照軸となることが示されている。とりわけ司法における1999年の君塚証言は，「博物館の自由」論の限

界点として，再び読み解かれる必要がある。

３．学芸活動を保障する伊藤寿朗「博物館の自由」論

⑴　伊藤の博物館法理解：その現代的視座

　伊藤は1970年以降，急逝する1991年までの21年間，博物館のあり方を解明するうえで，博物館法を追究し続けた。日本の博物館法は，第二次世界大戦後に構築された教育政策で，図書館とともに「社会教育のための機関」（社会教育法第9条）として初めて法制化した。

　第一に，博物館法は，学習権を充実させる「教育を受ける権利」を土台に，「学問の自由」などの諸権利が，積極的解釈として位置づけられる構図をもっている。日本国憲法は，言論・出版の自由，思想・信教の自由，学問の自由などの基本的人権を，「文化的自由」として保障した。なかでも1950年代後半に学校教育での検討が深まった教育権議論は，教育の自由を法論理として対象化し1970年の杉本判決を契機に，子どもの学習権との関連から認定されるに至った。学習権議論をこのように整理する伊藤によれば，学習権とは「人は誰も生まれながらにして教育を受けて学習することによって人間として成長していく権利をもっているという人権」である。学習権は「教育を受ける権利」として「社会権的に保障される」べき概念であり，また「教育の自由・教育権」に対応してこそ「本来の意味をもつ」とする[10]。

　第二に，博物館を規定する社会教育は，社会教育法第3条により，あらゆる人びとがいつでもどこでも自ら実際生活に即して学びあう権利を有していることを前提にしている。そのため地方自治体は，住民の自由な相互学習を保障する環境づくりに取り組むことが求められる。この関係から社会教育施設である博物館は，人びとの学芸活動を保障する施設として存立する。

　伊藤は，人権としての教育思想を学校教育のみでなく，社会教育施設においても獲得されるべき目標であると提起していた[11]。そのうえで，博物館の学芸活動と学習権保障との関連を捉える視点を，「制度化の充実を，同時にその現状の制度の内容的変革として提起」する学習権思想の問題として提示

する[12]。なぜなら戦後期に至るも日本の博物館は，近代社会のなかの矛盾構造として把握されるためである。

⑵　未完の書『博物館法の研究』が提起すること

　伊藤の博物館法の研究に通底する視座は，学芸活動を保障する「博物館の自由」論の展望にある。その一連の成果は，本人急逝により未完の書となった『博物館法の研究』として編纂される予定であった[13]。

　伊藤は博物館法を研究の対象として初めて開拓した。日本社会教育学会社会教育法制研究会は，1969年から1973年にかけて『社会教育法制研究資料』全15集を刊行した。この研究会で伊藤は，博物館法成立過程期の資料収集と目録作成および解説を担当する[14]。その後，伊藤はこの資料集を基礎に日本社会教育学会と1973年に設立した全日本博物館学会に博物館法の成立・定着過程に関する研究論文を発表する[15]。そして，社会教育と博物館の実践に即し，博物館法への理解をより身近なものとしていくための実践を展開した。その一つが，社会教育の代表的な定期刊行物の一つとして知られる『月刊社会教育』誌上での博物館法の解説である[16]。

　1978年，千葉県船橋市において，公立博物館の学芸員の他行政部署への同意なき異動が行われた際は，全日本自治団体労働組合千葉県本部，『月刊社会教育』読者の会から組織した社会教育推進全国協議会および自らが1971年に開設した博物館問題研究会の協力のもと，公立博物館の学芸員を「支援する会」の立ち上げに加わる。同会では，市民とともに博物館法制の学習会が組織され，公平委員会にて3年に亘る船橋市教育委員会との公開審理が展開された。1981年には，公平委員会が教育基本法－社会教育法－博物館法体系の価値から，公立博物館の学芸員が有する固有の専門性を実質的に確認するに至っている[17]。日本博物館協会に対しては同年，博物館法制定30年に際し，博物館における研究の自由の論理は社会教育と対立する概念ではないことを再び説いている[18]。この文脈で示したのが「博物館の自由」論である。国による生涯学習体系への移行が求められた1980年代以降は，主に教育法研究から学芸活動を保障する「博物館の自由」論を問うていった[19]。

これら一連の研究と実践の蓄積は1989年，博物館問題研究会に開設した博物館法勉強会に結実する。伊藤から『博物館法の研究』の予定稿の校正を依頼された北村敏が残す資料によれば，同書の構想は1990年に発表した一連の論文を基盤に展開していることがわかる。日本国憲法と1947年教育基本法－社会教育法－博物館法体系の価値から博物館の学芸活動の自由の論理を，その条件整備の観点から深めていく内容であった。

(3)　博物館法理解の歴史的視点：戦後博物館論の意義

　伊藤が急逝した1990年代以降，伊藤の博物館法思想形成に関し2つの先行研究がある。1つが，1930年代に郷土博物館論を説き，日本の戦前・戦中・戦後期に活躍した博物館実践者・棚橋源太郎（1864-1961）の博物館令構想に，市民が研究する場である地域博物館論の源流を見出す生島美和の研究である[20]。もう1つが，戦前・戦中期から戦後期へと継続する今日の博物館体制からの自覚的な峻別を，博物館主体の思想的課題として提起する犬塚の研究である[21]。犬塚は，学習権思想を獲得した戦後期の博物館法体制にこの課題克服の契機を捉えた。そのうえで，博物館法が1947年教育基本法－社会教育法体系に位置づけられながらも，博物館法の内部規定がその価値を拒む構造として定立する問題を見出している[22]。そして，この不均衡の解消を，学芸員の課題として提言している。

　確かに，伊藤の棚橋の博物館論との邂逅は，伊藤が博物館学を学んだ鶴田総一郎（1917-1992）から，木場一夫（1904-1981）の博物館論とともに先行文献として紹介されたことに遡ることができるだろう。伊藤は1968年，全国博物館大会への参加から，日本博物館協会との関わりを批判的に築いていく。日本博物館協会は，国に中央集権的な博物館体制の構築を求める棚橋が1928年に開設した博物館関係者の全国組織であり，伊藤は戦後期の棚橋において，戦前・戦中期の日本の博物館体制の志向性が継承された問題を捉えていた[23]。同時に伊藤は同年，各地の博物館を実踏調査する過程で博物館実践が社会教育実践であることを確信し，1947年教育基本法－社会教育法体系に位置づく博物館法思想の解明に取り組み始めた。翌年，伊藤は学習権議論が

始まった図書館現場の職員と交流を築きながら，社会教育を市民の権利として捉える視点を提起した『社会教育をすべての国民に』（通称：枚方テーゼ）を鏡に，公立博物館建設をめぐる住民運動に接していた。これらを背景に，伊藤は博物館が市民の権利であると民衆が自覚することが博物館に内在した目標であるとし，この視座が伊藤の1970年以降の博物館法思想を規定している[24]。その後，博物館現場の職員からも博物館が学習権思想に向き合う必要が提起される。そして1970年代後半，公立博物館づくりに取り組む各地の住民からも，市民の権利として博物館を創造する必要が提起されてきた。

1990年代以降，学芸活動を保障する「博物館の自由」論を生かしていくうえで重要なことは，戦前・戦中・戦後期へ連なる日本の博物館体制の外形的連続性からその自由を見出す視点のみでは，その核心にたどり着くことができないという歴史的視点をもつことだろう。つまり戦前・戦中・戦後期へと連続する日本の博物館体制に対する戦後期の制度改革から1970年代に至る学習権思想の形成を軸とした博物館運動内部の変革をこそ確認し，それを現在に語り続け，深化させていく回路を築く理論的営為が求められる。

おわりに

2018年，九条俳句訴訟では「大人の学び」が初めて裁判の論点となり，成人の学習権を確認した。この学習過程では，先述した全国美術館会議の「美術館の原則と美術館関係者の行動指針」が共有された。同原則は，行動指針4に「美術館は（中略）人々の表現の自由，知る自由を保障し支えるために，活動の自由を持つ」とし，日本の博物館関係者の全国的職能集団として初めて，日本国憲法が定める基本的人権として表現の自由と知る権利の保障を施設の原則として宣言した。とはいえ，美術館学芸員の武居利史が「現場では，『学習権』や『文化権』の保障という住民主体の発想より，住民を展覧会や教育普及活動というサービスの顧客としてとらえる傾向が強い」[25]と指摘するように，社会教育法－博物館法体系の価値に基づく博物館論に照らした場合，市民と施設との間には，乗り越えるべき隔たりが課題となっていることがわかる。

この課題は市民企画展一時中止問題へ展開した。学芸活動を保障する「博物館の自由」論は未発である。学習権思想や職能集団の宣言を，このさき関係者は市民のものとして，市民とともにいかに捉え返していくのか。市民社会はその視点をいかに内在化し得るのか。その契機こそが問われてくる。

【註】

1）伊藤寿朗「博物館法とは」「月刊社会教育」編集部編『生涯学習の時代をひらく』，国土社，1989年，p.180.

2）村山悟郎「解題『あいち宣言・プロトコル』」『美術手帖』No.1081，2020年，pp.20-27.

3）富山県立近代美術館問題に関しては以下に依る。富山県立近代美術館問題を考える会編『公立美術館と天皇表現』桂書房，1994年。富山県立近代美術館問題を考える会編『富山県立近代美術館問題・全記録─裁かれた天皇コラージュ』桂書房，2001年。

4）同上『富山県立近代美術館問題・全記録─裁かれた天皇コラージュ』pp.427-445.

5）君塚仁彦「歴史系博物館と『表現の不自由』」アジアに対する日本の戦争責任を問う民衆法廷準備会編『博物館と「表現の不自由」：「戦没者追悼平和祈念館」構想を考える』樹花舎，1994年，pp.3-41.

6）犬塚康博「富山県立近代美術館問題という博物館問題」美術と美術館のあいだを考える会編『あいだ』38，1999年，pp.2-4.

7）徳村烝『ミュージアム（図書館，博物館，美術館）の紛争を考える』近代文芸社，2005年，pp.30-54.

8）井上敏「新井重三の博物館論と『博物館の自由』の検討」桃山学院大学総合研究所編『桃山学院大学総合研究所紀要』34巻3号，2009年，pp.35-45.

9）手打明敏「『学習の自由・表現の自由』と社会教育の課題」『月刊社会教育』No.733，国土社，2017年，pp.31-37.

10）伊藤寿朗「『国民の学習権保障』の概念をめぐって」博物館問題研究会『会報』14号，1974年，pp.1-7.

11）伊藤寿朗「夏季博物館実態調査活動に向けて─討議資料No.1」法政大学博物館研究会『会報』12号，1969年.

12）伊藤寿朗「『国民の学習権保障』の概念をめぐって」前掲 p.6.

13）君塚仁彦「学んだこと・感動したこと─恩師・伊藤寿朗先生への言葉」東京学芸大学

教育学教室『教育学研究年報』10号，1991年，p91.

14）伊藤寿朗「附録　博物館法成立史関係資料目録」日本社会教育学会年報編集委員会編
『社会教育法の成立と展開—日本の社会教育第15集』東洋館出版社，1971年，pp.284-
288．日本社会教育学会社会教育法制研究会編『社会教育法制研究資料』14集，1972
年．伊藤寿朗「博物館法成立過程資料集・解説」日本社会教育学会社会教育法制研究会
編『社会教育法制研究資料』15集，1973年，pp.43-48.

15）伊藤寿朗「1955年博物館法改正に関する研究—法定着過程の問題」日本社会教育学会
編『日本社会教育学会紀要』11号，1975年，pp.31-39．伊藤寿朗「博物館法の成立とそ
の時代—博物館法成立過程の研究」全日本博物館学会『博物館学雑誌』1巻1号，1975
年，pp.26-40.

16）伊藤寿朗「やさしい博物館法（上）」『月刊社会教育』No.228，国土社，1976年，
pp.84-91．伊藤寿朗「やさしい博物館法（下）」『月刊社会教育』No.229，国土社，1976
年，pp.75-85.

17）伊藤寿朗「公共博物館の社会的任務(2)」自治労船橋市役所職員組合・船橋の社会教育
を考え，新井徹君の不当配転撤回闘争を支援する会編『人事の民主化と学芸員の専門性
をめぐって—新井公平委員会闘争3年の記録』自治労船橋市役所職員組合，1981年，
pp.196-220.

18）伊藤寿朗「博物館法は博物館の自由を保障する」日本博物館協会編『博物館研究』17
巻1号，1982年，pp.25-26.

19）伊藤寿朗「博物館に関する基準法制（上）—博物館法の条理」エイデル研究所『季刊
教育法』79号，1990年，pp.71-80．伊藤寿朗「博物館に関する基準法制（下）—博物館
法の条理」エイデル研究所『季刊教育法』80号，1990年，pp.144-152．伊藤寿朗「博物
館法と戦後の博物館」小林文人・藤岡貞彦編『生涯学習計画と社会教育の条件整備』エ
イデル研究所，1990年，pp.104-128．など。

20）生島美和「棚橋源太郎の郷土博物館論の現代的意義—地域博物館論の基盤としての位
置づけ」筑波大学大学院人間総合科学研究科教育学専攻編『教育学論集』第2集，2006
年，pp.43-62．生島美和「市民の研究活動の場としての博物館理念の考察—博物館法第
3条第1項第3号の現代的解釈」日本社会教育学会編『日本社会教育学会紀要』42号，
2006年，pp.23-33.

21）犬塚康博「満洲国国立中央博物館とその教育活動」『名古屋市博物館研究紀要』第16
巻，1993年，pp.23-62.

22）犬塚康博「制度における学芸員概念—形成過程と問題構造」『名古屋市博物館研究紀

要』第19巻，1996年，pp.17-36.

23）伊藤寿朗「社会と博物館―近代博物館の本質と当面する問題によせて」法政大学博物館研究会『会報』16号，1970年．

24）栗山究「伊藤寿朗博物館論の初期形成過程の考察―法政大学博物館研究会時代の活動を中心に」日本社会教育学会編『社会教育学研究』55号，2019年，pp.21-31.

25）武居利史「美術館における『表現の自由』」佐藤一子・安藤聡彦・長澤成次編『九条俳句訴訟と公民館の自由』エイデル研究所，2018年，pp.102-105.

美術館と「学習の自由」

―憲法の基本的人権，「表現の自由」との関わりから―

武居　利史

はじめに

　あいちトリエンナーレ2019「情の時代」における「表現の不自由展・その後」展示中止事件は，「表現の自由」についての議論を社会的に幅広く呼び起こした。外部からの脅迫的な抗議や一部政治家の圧力によって展示が一時中断された出来事は，公的な文化事業におけるさまざまな問題を浮かび上がらせた。国際芸術祭という枠組みで行われた展示は，一般的な美術館における展示とは展覧会の性格をやや異にするが，愛知芸術文化センター内の愛知県美術館が会場であったこともあり，公立美術館における「表現の自由」のあり方についても問題を提起した。美術館も社会教育施設である以上，この事件は「学習の自由」とも無関係の問題ではない。

　本稿では，そもそも美術館と学習活動とはどのような関係にあり，美術館の役割について，日本国憲法が保障する基本的人権との関わりで考察し，美術館においては「表現の自由」を守ることが，「学習の自由」のために欠かすことができない条件であることを述べる。

1．美術館の教育的性格

　美術館は法令上，博物館の一種であり，美術を資料として扱う博物館のこ

とを指す。日本の博物館行政の基本を定める博物館法は，博物館について「歴史，芸術，民俗，産業，自然科学等に関する資料を収集し，保管し，展示して教育的配慮の下に一般公衆の利用に供し，その教養，調査研究，レクリエーション等に資するために必要な事業を行い，あわせてこれらの資料に関する調査研究をすることを目的とする機関」（第2条第1項）と定義している。博物館が社会教育施設であるのは，「教育的配慮の下に一般公衆の利用に供する」ことによる。博物館法の上位法である社会教育法も，「図書館及び博物館は，社会教育のための機関とする」（第9条）としており，博物館が社会教育施設として教育基本法にも定める広い意味での教育施設であることは論を待たない。

　他方，美術館が教育施設だと考える人は必ずしも多くはないかもしれない。なぜなら，美術館とは作品を鑑賞する場所であり，余暇を楽しむ場所であって，教育施設というよりは，文化的あるいは娯楽的な施設だと考える人が少なくないからである。美術品公開促進法（1998年）は，美術館を「博物館法第2条第1項に規定する博物館又は同法第29条の規定により博物館に相当する施設として指定された施設のうち，美術品の公開及び保管を行うものをいう」（第2条）と定義している。この規定が端的に示すように，「美術品の公開及び保管」が美術館の主要機能と見なされることも多い。文化芸術基本法（2001年）では，「国は，美術館，博物館，図書館等の充実を図る」（第26条）という表現があり，博物館，図書館と並列して美術館が挙げられている。つまり，美術館は社会教育機関であるとともに文化芸術機関として認知されているのである。

　日本では美術館と博物館は別の館種のような語感を有するが，国際的には美術館（Art Museum）が博物館（Museum）に含まれるというのは自然な解釈でもある。国際博物館会議（ICOM）が，2007年に改訂した定義では，「博物館とは，教育，研究，楽しみのために，有形・無形の人類の遺産とその環境を，収集，保管，調査，普及，展示する，公衆に開かれた，社会とその発展に寄与する，非営利の永続的機関である」としている[1]。この定義は，2015年に国際連合教育科学文化機関（UNESCO）が出した「博物館とコレクションの保存活用，その多様性と社会における役割に関する勧告」に

も採用されており，世界的に広く定着した理解である。特に注目されるのは，博物館の目的に，「教育（education）」，「研究（study）」「楽しみ（enjoyment）」を挙げている点である。博物館の教育的性格は，国際的にも共有されており，美術館もまた例外ではない。

２．学習権と重なりあう文化権

　このように博物館が社会教育機関ではあっても，美術館は「美術品の公開及び保管」が中心事業であることから，社会教育より文化芸術のための施設として認知される傾向が強い。公民館や図書館が，教育や学習に関わっており，それが人々の学習権を保障する機関であることは理解されやすいが，文化芸術を扱う美術館の場合には，学習権という言葉をそのまま使うには違和感があるかもしれない。美術館で行われる学習とは，美術作品の鑑賞，創作，展示，研究などといった活動を通して行われるものであり，美術館においては，学習権よりももう少し幅のある文化権という概念でとらえたほうが，その役割を理解しやすいのではないかと思われる。

　日本で文化権が認識されてきたのは，学習権よりも時期的に遅れる[2]。1970年代以降，各地に文化施設が整備され，自治体の文化振興条例も制定されるようになった。1968年に文部科学省（当時，文部省）の外局として文化庁が創設されたものの，その後長いあいだ国レベルでの文化に関する法律は整備されてこなかった。しかし，文化政策への関心の高まりから，2001年には文化芸術基本法（当初の名称は文化芸術振興基本法）が制定され，基本理念に「文化芸術を創造し，享受することが人々の生まれながらの権利」（第２条第３項）であることが書き込まれた。こうした文化権が認められてきた背景には，「すべて人は，自由に社会の文化生活に参加し，芸術を鑑賞し，及び科学の進歩とその恩恵とにあずかる権利を有する」（第27条）とうたった「世界人権宣言」（1948年）や「国際人権規約社会権規約（経済的，社会的及び文化的権利に関する国際規約）」（1966年）など，国際レベルでの宣言や条約などの積み重ねがあった。

　このように文化権は，比較的近年知られるようになった権利概念である

が，日本国憲法が定める基本的人権から把握することも重要であろう。憲法に文化という言葉が出てくるのは，「すべて国民は，健康で文化的な最低限度の生活を営む権利を有する」（第25条1項）の箇所である。この条文の一般的な理解は「最低限度の生活を営む権利」という生存権の保障におかれており，芸術を含めた文化的権利全般を保障する規定としては必ずしも十分なものとはいえない。学習権については，「すべて国民は，法律の定めるところにより，その能力に応じて，ひとしく教育を受ける権利を有する」（第26条1項）が直接の対応関係にあるが，憲法には芸術に関する直接の規定がないため，文化が権利として認識されるには，相応の時間的経過が必要であったと考えられる。

　憲法において文化権との関わりで重要な人権は，生存権（第25条），教育を受ける権利（第26条）のような社会権的規定にとどまらず，第13条の「すべて国民は，個人として尊重される。生命，自由及び幸福追求に対する国民の権利については，公共の福祉に反しない限り，立法その他の国政の上で，最大の尊重を必要とする」という個人の尊厳に求める必要もある。そこから，「思想・良心の自由」（第19条），「表現の自由」（第21条），「学問の自由」（第23条）などの精神的自由権を前提としながら，国家に対して権利の保障を求める社会権として構想されうる。文化権の保障は人間の発達という課題とも深く結びついており，国際連合教育科学文化機関（UNESCO）の「学習権宣言」（1985年）にある「学習権なくしては，人間的発達はありえない」という見地とも大きく重なりあう根本的な人権といえるだろう。

3．生涯学習の場としての美術館

　戦後日本の文化行政は，国よりも地方自治体で先行して拡充が進んだ経緯がある。1970年代以降，各地に文化ホールが数多く建てられ，1980年代には美術館や劇場など専門性のある文化施設も整備されてきた。「物の豊かさから，心の豊かさへ」が標語となり，ハコモノ行政の批判はありつつも，1990年代以降，文化は豊かな生活に欠かせないものとの認識が国民の間に広く定着した。成熟した社会において，芸術を鑑賞，創造，発表する活動は，学問

やスポーツなどと同様，人々の自己実現に欠かせないものである。公立美術館は，美術作品を展示して鑑賞の機会を提供するだけでなく，住民自身が制作や展示ができるよう，創作のためのアトリエや発表のためのギャラリーを併設するようにもなった。美術館は「美術品の公開及び保管」にとどまらない，人々が文化的生活を送るための学びの場になったのである。

　生涯学習社会の実現に，美術館や博物館がその中核的役割を果たすことが期待されるようになる中で，学習を支援する活動を「教育普及」として重視するようになった。博物館法では，そもそも資料を展示することを教育的活動としているため，「教育普及」という言葉を用いていない。しかし，今日では教育普及の重要性が広く関係者の間で共通認識となり，文部科学省が告示する現行の「博物館の設置及び運営上の望ましい基準」（2011年）でも，「博物館は，その設置の目的を踏まえ，資料の収集・保管・展示，調査研究，教育普及活動等の実施に関する基本的な運営の方針を策定し，公表するよう努める」（第3条）とされ，資料の「収集・保管・展示」「調査研究」と並んで「教育普及」が位置づけられるに至っている。美術館や博物館は本来社会教育施設ではあったが，対人的活動の重要性が再認識されることにより，資料展示以外の教育活動にあらためて光が当てられたのである。

　このように美術館の役割は，文化権や学習権といった人権保障という角度からとらえられるべきだが，美術館や博物館にはもう一つ重要な側面もある。文化財保護法に象徴される保存と公開の思想にもとづく機関だということである。文化財保護法では，「文化財の所有者その他の関係者は，文化財が貴重な国民的財産であることを自覚し，これを公共のために大切に保存するとともに，できるだけこれを公開する等その文化的活用に努めなければならない」（第4条第2項）とある。美術館や博物館も同様で，文化財を良好な状態に保つ保管の義務を負っている。作品が滅失することのないよう安全管理することも美術館の重要な役割である。作品を安全その他の理由で観覧に供しないことは，利用者の鑑賞する権利を制限する行為でもあることに注意しなければならない。美術館は専門的判断にもとづき，作品を展示するだけでなく，展示しない権限も与えられている。この観点に立てば，国民的財産を守るために私的権利を制限することも，公共の福祉を実現するために正

当化される。このことが，「表現の自由」との関連で重要な意味を帯びてくるのである。

４．「表現の自由」とあいちトリエンナーレ問題

　憲法第21条は，「集会，結社及び言論，出版その他一切の表現の自由は，これを保障する」としている。ここでいう「表現の自由」は，狭義の言論や出版に限らず，すべての表現媒体に及ぶもので，美術館で行われる表現活動にも，原則的には「表現の自由」が適用されるはずである。また，同条第２項には「検閲はこれをしてはならない」とある。公権力による検閲を禁じているのだが，実際の現場では何が「検閲」にあたるのかがしばしば問題となる。検閲とは，発表前に行われる事前抑制だけでなく，発表後に行われる規制もそれにあたるとの考え方が有力である。近年，公立美術館で展示の中止や作品の改変を要求されたりする事件が相次いでいるが，それらは「検閲」ではなく，「自主規制」などと呼ばれることが多い[3]。

　外部からの抗議により一時中止になったあいちトリエンナーレ「表現の不自由展・その後」は，近年公立美術館などで展示不許可になった作品を中心とした16人の作家による展示であった[4]。公立美術館でどのような表現が規制の対象になりうるのか，展示を通して考えることを意図したもので，美術館の現状を考える上で興味深い試みでもあったといえる。具体的には，「慰安婦」問題，天皇と戦争，植民地支配，憲法９条，米軍や原発など，政治的な主題に関わる表現が含まれた作品が多いのが特徴である。特に注目を浴びたキム・ソギョン／キム・ウンソンの彫刻作品《平和の少女像》，大浦信行の映像作品《遠近を抱えて Part 2》の２作品については，美術作品としての多面的解釈が可能であるものの，ともに日本の戦争と植民地支配の記憶に結びつく側面があり，一部の人々から激しい批判の的となった。

　この「表現の不自由展・その後」は，ジャーナリストや評論家などで構成する実行委員会が企画したもので，美術館関係者から提案された企画ではない。国際芸術祭（国際美術展）の一出品作家という位置づけであったこともあり，現在の公立美術館では展示されにくい作品が並んだことは事実であろ

う。その意味で、公立美術館が抱えている問題が、外部からの視点で照射された機会であった。ただし、この展示はこれ自体が一つ創作物ともいえる企画展であり、過去に公立美術館などで拒否にあった作品ではあっても、主催者の判断で取り上げられなかった作品も少なくない。とりわけ、刑法第175条「わいせつ物頒布罪」に抵触する恐れのあるような性に関わる表現も、美術館では度々問題となってきたが、そうした傾向の作品は含まれていないことにも留意する必要がある。

５．天皇コラージュ事件と美術館の裁量

　美術館における規制の歴史は、「検閲」が公然と行われていた戦前にまで遡るが、憲法で「検閲」が禁じられた戦後においても、一部の前衛的表現が美術館の管理運営を妨げるものとして規制の対象となり、しばしば問題となってきた。今日でも、鑑賞者の安全や健康を脅かすような作品は、展示を認めないことがある。しかし、近年問題になっているのは、政治的な要素を含む表現が規制対象となるケースである。そうした問題の嚆矢として特筆されるのは、1986年に起きた富山県立近代美術館天皇コラージュ事件である。裁判所の判例が示された点でも重要な事件だといえよう[5]。

　この事件は、富山県立近代美術館の展覧会に、昭和天皇の図像を引用した大浦信行の版画作品《遠近を抱えて》が出品され、会期終了後に県会議員や右翼団体から抗議を受けたことに始まる。それを受けて美術館は、作品とともに図録を非公開とし、市民による特別観覧申請も認めず、のちに作品を売却または返還し、図録を焼却処分にした。1994年、作家は作品を鑑賞してもらう権利、市民は知る・見る権利を侵害されたとして、作品の買戻しと図録の再版を求めて国賠訴訟を起こした。美術館は「管理運営上の障害」「天皇のプライバシー保護」を理由に処分を正当化したが、一審はいずれの理由をも認めず、美術館の非公開は違法とした。しかし、二審は美術館側が主張する「管理運営上の障害」を認めて原告の訴えを退け、判決が確定した。つまり、「管理運営上の障害」は、表現者や鑑賞者の権利を制限する根拠になりうるとしたのである。この判決には批判もあるが、美術館の裁量を重視した

判断といえる。

　「表現の自由」や「知る権利」は，民主主義を実現する上でも特別の重みをもつ人権である。そうした人権が制約を受けるには，厳格な基準がなければならないはずである。しかし，その基準はしばしば曖昧なまま，美術館においては自由な裁量によって規制が行われてきた[6]。美術館での展示には，利用者が美術館の会場を借りて行う展示と，美術館が主催者として企画をする展示の大きく分けて二つの形態がある。前者の場合には，美術館が利用者に対して展示や出品の規制を行うことから，美術館（公権力）と利用者（市民）の関係もはっきりしており，その規制が権力の濫用であるのか，合理的理由にもとづくものであるのか，公開で議論がなされることになる。

　しかし，後者のように美術館が主催者として作家に出品を依頼して行うような展覧会の場合，美術館の判断で，展示を中止したり，内容を変更したりしても，美術館主催の展示である以上は，必ずしも不当な判断であるとはいいきれない。そこで問題となるのは，その美術館の判断が合理的な根拠にもとづき，専門的見地からなされたものではないような場合である。つまり，外部からの脅迫や政治的圧力などによって生じた場合には，「表現の自由」や「知る権利」を守るという観点からは大きな問題があるといえる。美術館に自由な裁量が認められていても，美術館が自主的，自律的に判断できなければ，美術館における「表現の自由」は危ういといわざるをえない。

６．美術館の自律性（自立性）を確立する

　当然のことながら，美術館の管理運営には，美術に関する高い専門的能力が求められる。その判断力を担保するために，館長をはじめ，専門職である学芸員が存在する。彼らが私心なく，純粋な専門性にもとづいて美術館の自律性（自立性）を貫くことで，「美術館の自由」は確保されているともいえる。ところが，博物館法に博物館の自律性に関する文言はない。およそ教育機関の中で自主性や自律性が法律で明記されているのは，教育基本法に記された大学だけではないだろうか[7]。従って，美術館が自律性を担保するためには，美術館自身の力によって，その規範を確立していくしかない。

そこで注目されるのが，全国の美術館392館（2020年4月現在）が加盟する全国美術館会議が作成した「美術館の原則と美術館関係者の行動指針」（2017年）である[8]。この文書は長年にわたる組織内での検討を経て，総会で採択されるに至ったもので，法的拘束力はないものの，美術館界の自主的規範とされることが期待されている。2004年に改訂された国際博物館会議（ICOM）「職業倫理規定」，2012年に日本博物館協会が定めた「博物館の原則」「博物館関係者の行動規範」を参照し，日本の美術館の特殊性をふまえて仕上げられた。

　同文書は，それぞれ11項目の「原則」と「行動指針」から成るが，重要なのは「原則」4番目の「美術館は，倫理規範と専門的基準とによって自らを律しつつ，人々の表現の自由，知る自由を保障し支えるために，活動の自由を持つ」である。これは「行動指針4：自由の尊重と確保」の「美術館は，日本国憲法に定められた国民の表現の自由，知る権利を保障し支える。これを実現するために，社会から作品・資料を負託されている美術館は，行動指針と専門的基準とによって自らを律し，活動の自由を保持している」に対応する。その具体的説明では，「美術館はこの行動指針や様々な専門的基準によって自らを律し，その基本理念をつくる自由，それに基づいて活動する自由を保持することができる。この自由を不当に制限しようとする外部からの介入，干渉に対し，美術館はこれに抵抗し，拒否する権利を有する。自由を有するがゆえに，美術館は自らを厳しく律し，自ら定めた専門的基準を遵守しなければならない」と述べている。

　この「自ら定めた専門的基準」を美術館が守るだけで，外部からの介入や干渉にどれほど耐えうるかという懸念はあるが，こうした問題の存在を美術館が認め，それに自律的に対処すべきであるという基本を文書化して公開したことは，今後の問題の対応に大きな礎を築いたものといえる。とりわけ「表現の自由」に関する文言は，日本博物館協会の「原則」「行動規範」にはないもので，全国美術館会議の独創的な点である。それだけ博物館一般よりも，美術館において切実な課題として認識されていることの証左といえよう。

7．美術館の現場で求められる中立性

　一般に文化行政においては，文化芸術活動に携わる者の自主性や創造性が
尊重されなければならない。文化芸術基本法はもとより，自治体でも文化振
興条例にそうした規定を設けるところは多い。公権力は表現活動への関与に
抑制的であることが，民主主義社会の共通了解となっている。文化事業の助
成を行う機関は政府から一定の距離をもつべきとする，イギリス芸術評議会
（アーツカウンシル）設置に関する「アームズ・レングスの原則」の考え方
もこれに重なる。しかし，公立美術館の自律性を保障する法的根拠は乏しい
ため，その管理運営においては一般行政と同じ論理が適用されやすい。美術
館の現場で，展示の内容に介入や作品の排除が起きる場合に理由とされるの
は，行政の公平性・公正性，とりわけ中立性の確保であることが多い。

　地方自治法第244条（公の施設）は，「正当な理由がない限り，住民が公の
施設を利用することを拒んではならない」とし，「不当な差別的取扱い」を
禁じている。1984年に起きた会館の集会利用を拒否した泉佐野市民会館事件
判決のように，拒否の場合でも「明らかな差し迫った危険の発生が具体的に
予見される」など厳格な基準が求められる。公民館の事業も，政治的な内容
一般を禁じているわけではなく，社会教育法第23条（公民館の運営方針）で
「特定の政党の利害に関する事業を行い，又は公私の選挙に関し，特定の候
補者を支持すること」に禁止の範囲を限定している。しかし，これらを拡大
して解釈し，活動の制限を強める傾向が，昨今問題となっている。2014年，
さいたま市三橋公民館では，俳句サークル会員の九条を詠んだ句が，政治的
主張であることを理由に公民館だよりに掲載拒否された。この事件では，作
者らが国賠訴訟を行った結果，市側の違法性が確定した[9]。

　公立美術館でも同様で，行政の中立性を理由として，政治的表現のある作
品が撤去される事件が起きている。その根拠にしばしば持ち出されるのは，
地方公務員法第36条（政治的行為の制限）にもとづく「職員の政治的中立」
である。「職員は，特定の政党その他の政治的団体又は特定の内閣若しくは
地方公共団体の執行機関を支持し，又はこれに反対する目的をもつて，ある

いは公の選挙又は投票において特定の人又は事件を支持し，又はこれに反対する目的をもって，次に掲げる政治的行為をしてはならない」とし，「文書又は図画」を「施設等に掲示」等を禁じる。この条文が想定するのは，政党や選挙のポスターやビラなどの掲示であり，絵画や彫刻の展示が該当するとは考えにくいが，学芸員もこうした論理に服さざるをえない面がある。

　精神的自由の所産ともいえる芸術を扱う美術館のような職場では，行政職員にも，作者の「表現の自由」を尊重する態度が欠かせない。だが，展示が行政サービスとされる時点で，その内容に中立性が求められることになる。それを過度に意識して，政治や社会に批判的な表現を排除すれば，公権力が主張する価値観に沿った展示しか認められなくなる恐れもある。本来美術館が推進するべきなのは，多様な表現や価値観の提示でなければならないはずである。美術館にとって大切なのは，行政の中立よりも，公権力からの自律ではないだろうか。美術館の職員には，「表現の自由」「知る権利」といった人権に関わる職務だという深い自覚が必要だろう。文化芸術や生涯学習に関わる行政の重要性は増しつつあるが，職員の検閲に対する理解は曖昧なままである。公立美術館においては，一般行政の論理だけで運営することの問題が露呈しており，文化行政に携わる職員全般の資質向上が求められている。

おわりに

　「表現の自由」を守り，活動の自由を確立することは，美術館がその社会的使命を果たす上で，根本的な課題であるといえる。各地に公立の美術館が建設され，美術館の教育普及活動も活性化してきたが，その根底には住民の文化的権利への目覚めがあった。しかし，美術館運営の現場において「表現の自由」が十分に尊重されず，抑圧的ともいえる動きが近年見受けられる。

　「表現の自由」が失われた美術館が行う教育普及事業とは，批判的な見方をすれば，公権力による文化的統制の推進にほかならない。自律（自立）のない美術館による「自由」な裁量は，美術館を公権力による文化支配の機関に転化させてしまうのであって，そうした場に学習者を主体とした「学習の自由」など存在しない。美術館における「学習の自由」は，「表現の自由」

を守るという美術館の精神によってこそ保障されるものであるだろう。

【註】

1）博物館の定義（Museum Definition）の原文は次の通り。A museum is a non-profit, permanent institution in the service of society and its development, open to the public, which acquires, conserves, researches, communicates and exhibits the tangible and intangible heritage of humanity and its environment for the purposes of education, study and enjoyment. なお，国際博物館会議（ICOM）2019年京都大会では，博物館の定義の見直しが議論されており，今後さらに発展的な規定へと変わる可能性がある。

2）早い時期の「文化権」研究として，次のような文献がある。小林真理『文化権の確立に向けて　文化振興法の国際比較と日本の現実』勁草書房，2004年.

3）近年「検閲」に類する現象は，公立文化施設の「自主規制」だけでなく社会全般に広がっているという指摘もある。アライ＝ヒロユキ『検閲という空気　自由を奪う NG 社会』（社会評論社，2018年）を参照。

4）この展示と事件の経過については，次の文献が参考になる。岡本有佳・アライ＝ヒロユキ編『あいちトリエンナーレ「展示中止」事件—表現の不自由と日本』（岩波書店，2019年）。『美術手帖』2020年4月号「特集『表現の自由』とは何か？」（美術出版社）。

5）この事件と裁判の経過は，次の文献に詳しい。富山県立近代美術館問題を考える会編『富山県立近代美術館問題・全記録　裁かれた天皇コラージュ』桂書房，2001年.

6）富山県立近代美術館事件以後の規制問題については，沖縄県立美術館検閲抗議の会編『アート・検閲，そして天皇「アトミックサンシャイン」in 沖縄展が隠蔽したもの』（社会評論社，2011年）が参考になる。

7）2006年の教育基本法改正の際，「大学については，自主性，自律性その他の大学における教育及び研究の特性が尊重されなければならない。」（第7条2項）の条文が追加された。

8）「美術館の原則と美術館関係者の行動指針」については，制定の経緯などを収録したパンフレットが，全国美術館会議から2017年に発行された。

9）この事件と裁判の論点については，次の文献に資料と論考がまとめられている。佐藤一子・安藤聡彦・長澤成次編著『九条俳句訴訟と公民館の自由』エイデル研究所，2018年.

第Ⅲ部

九条俳句訴訟と学習権

九条俳句訴訟と学習権

久保田和志・石川　智士

1．九条俳句事件

　さいたま市（以下，「Y」という。）在住の女性（以下，「X」という。）は，Y市立三橋公民館（以下，「本件公民館」という。）において，俳人が主宰する俳句会（以下，「本件句会」という。）に所属し活動してきた。本件句会では，毎月の例会に各自が2句ずつ持ち寄り，主宰者が特選・秀逸・佳作の評価をしたうえ，特選の中から会員から最多の支持を得た句を秀句としていた。本件公民館職員からの申し出に本件句会が了承し，本件公民館が毎月発行する公民館だよりに平成22年11月から秀句が掲載されることとなり，以後3年8か月にわたり掲載が継続された。

　平成26年6月24日の例会で，Xの詠んだ「梅雨空に『九条守れ』の女性デモ」（以下，「本件俳句」という。）が秀句に選出され，本件句会代表代行が公民館職員に提出した。しかし，本件俳句は，同年7月号の公民館だよりに掲載されなかった（以下，「本件不掲載」という。）。本件公民館長やYによる本件不掲載の理由の説明は，変遷する。ただし，大要「公平中立の立場であるべき」との観点を理由とする点では一貫している。

　なお，同年7月1日，集団的自衛権の行使を容認する閣議決定がなされた。

　Xや本件句会は，支援者らとともに公民館や議会等への働きかけを続け

たが，Yが掲載に応じることはなかった。不掲載の連絡から丸1年経った平成27年6月25日，XはYを被告として，①本件俳句の本件公民館だよりへの掲載，及び②慰謝料を求め，さいたま地方裁判所に提訴した。

　これが九条俳句訴訟（以下，「本件」という。）である。

2．結果

　平成29年10月13日，さいたま地裁は，Yの違法性を認め5万円の損害賠償を認容し，その余の請求を棄却する旨の判決を下した。

　XY双方が控訴し，平成30年5月18日，東京高等裁判所は，認容額を5000円に減額したうえ，その余の請求を棄却した[1]。

　平成30年12月20日，最高裁はXY双方の上告を棄却し上告不受理とした。

　平成31年1月，本件公民館においてY教育長がXに直接謝罪し，本件俳句は事件の経過等の説明とともに本件公民館だより平成31年2月号に掲載された。同年4月号には，本件不掲載後に選出された本件俳句以外のすべての秀句が一挙に掲載された。

3．東京高裁判旨

　さいたま地裁判決は，主として3年8か月間の掲載という継続的事実関係に着目し，Xの期待を人格的利益と評価し，Yの違法性を認定した。

　一方，東京高裁判決（以下，「本判決」という。）は，公民館や社会教育の性質に着目しYの違法性を導出した点で，地裁判決と一線を画する。

　以下，本判決のうち，学習権や社会教育に関する箇所を確認する。なお，本判決が引用した部分は，地裁判決の文言を記す。

⑴　（大人の）学習権

①「Xは，三橋公民館の職員は，①公民館利用者であるXを公正に取り扱う義務に違反し，②学習権を保障する趣旨の規定である社会教育法9条の3

第1項及び③同法12条に違反して，本件俳句を本件たよりに掲載しなかったことにより，Xの学習権を侵害した旨主張する。

　しかし，社会教育法9条の3第1項及び同法12条の各規定は，Xが主張するとおり，大人の学習権を保障する趣旨のものであるから，上記各規定により，公民館の職員に課される学習権を保障するための義務は，Xが主張する①公民館利用者である原告を公正に取り扱う義務の一内容に過ぎないというべきであり，原告の学習権侵害に関する上記②及び③の主張は，結局，①の主張と同じものであると解するのが相当である。」

②「学習権は，憲法26条に基づき，国民各自が，一個の人間として，また，一市民として，成長，発達し，自己の人格を完成，実現するために必要な学習をする権利であり，特に，自ら学習することのできない子どもとの関係では，自己に学習要求を充足するための教育を施すことを大人一般に対して要求することができる権利をいうと解するのが相当である（最大判昭和51・5・21刑集30巻5号615頁参照）から，子どものみならず，大人についても，憲法上，学習権が保障されるというべきであり，社会教育法2条及び3条は，これを前提とする規定であると解するのが相当である。」

③「憲法23条の学問の自由の内容に，研究発表の自由が含まれると一般的に解されている（上記最高裁判所判決参照）のと異なり，人間のあらゆる表現は，学習を前提としてされるものであるから，学習成果の発表は表現そのものに他ならないというべきである。

　したがって，学習成果の発表の自由は，学習権の一部として保障されるのではなく，表現の自由として保障されるものと解するのが相当であるから，学習権の内容に学習成果の発表の自由が含まれると解することはできない。」

④「本件は，Xが詠んだ本件俳句を本件たよりに掲載することにより発表することの可否が問題となるものであるから，本件俳句が本件たよりに掲載されないことによって，Xが学習をすること自体が制限されるわけではない。」

⑵　公民館の法的性質，公民館職員の公正取扱義務

　「公民館は，市町村その他一定区域内の住民のために，実際生活に即する教育，学術及び文化に関する各種の事業を行い，もって住民の教養の向上，健康の増進，情操の純化を図り，生活文化の振興，社会福祉の増進に寄与することを目的とした施設であり（社会教育法20条），国及び地方公共団体が国民の文化的教養を高め得るような環境を醸成するための施設として位置付けられている（同法3条1項，5条参照）。そして，公民館は，上記の目的達成のために，事業として①定期講座を開設すること，②討論会，講習会，講演会，実習会，展示会等を開催すること，③図書，記録，模型，資料等を備え，その利用を図ること，④体育，レクリエーション等に関する集会を開催すること，⑤各種の団体，機関等の連絡を図ること，⑥その施設を住民の集会その他の公共的利用に供することとされ（同法22条），さらに公民館は，住民の福祉を増進する目的をもってその利用に供するための施設（公の施設）として，普通地方公共団体は，住民が公民館を利用することについて，不当な差別的取扱いをしてはならないと解される（地方自治法244条3項）。

　公民館の上記のような目的，役割及び機能に照らせば，公民館は，住民の教養の向上，生活文化の振興，社会福祉の増進に寄与すること等を目的とする公的な場ということができ，公民館の職員は，公民館が上記の目的・役割を果たせるように，住民の公民館の利用を通じた社会教育活動の実現につき，これを公正に取り扱うべき職務上の義務を負うものというべきである。」

⑶　人格的利益侵害

　「そして，公民館の職員が，住民の公民館の利用を通じた社会教育活動の一環としてなされた学習成果の発表行為につき，その思想，信条を理由に他の住民と比較してなされた学習成果の発表行為につき，その思想，信条を理由に他の住民と比較して不公正な取扱いをしたときは，その学習成果を発表した住民の思想の自由，表現の自由が憲法上保障された基本的人権であり，

最大限尊重されるべきものであることからすると，当該住民の人格的利益を侵害するものとして国家賠償法上違法となるというべきである（最高裁平成17年7月14日第一小法廷判決・民集59巻6号1569頁参照）。」

4．評価の視点

(1)　主体

　公民館等の社会教育施設・機関をめぐる紛争は，多様な当事者の存在が想定される。住民，社会教育関係団体，公民館職員，公民館長，公民館，教育委員会，普通地方公共団体，国，等である。現にあいちトリエンナーレ事件では，上記以外も含め多様な当事者が登場し，これら主体の関係性を意識し解きほぐして紛争の争点を設定する作業が必要となった。

　本件の裁判では，住民（＋社会教育関係団体）VS 市（＋教育委員会＋公民館＋職員）が対立軸であった。

　なお，この視点においては，（近代）立憲主義憲法において「個人」が有する意義についての評価[2]が確認される必要もある[3]。

(2)　権利の性質

　本稿の課題は「学習権」との関係性である。

　権利の法的性質を検討する際には，いくつかの視点が有用となろう。

　1つは，さしあたり権利のレベルとでもいう視点で，①憲法上の権利か，②その権利を実定法化具体化するために政策的に制度化した，その制度の範囲内で認められる，あるいは構築される，実定法上の権利か，③さらに実定法上の権利とはいえないような，制度保障の単なる反射にすぎないものか，というものである[4]。なお，ここには「権利」とは何か，「制度」とは何か，その関係性は何か，といった難問も潜む[5]が，立ち入らないこととする。

　もう1つは，さしあたり権利（自由）のベクトルとでもいう視点で，一般的に憲法上のものでいえば自由権（からの自由），参政権（への自由），社会

権（による自由）とでも分類されるものである。この場合，たとえば社会権とひとくくりにいっても，法的な請求権が発生するのか，それとも措置要求的なものにすぎないのか，といった問題は残る。

　以上の視点は絶対的なものではなく，さしあたっての交通整理として意識することとしたい。

５．本判決が示した「憲法上の権利」としての学習権

(1)　内容

　本判決は，３.(1)②のとおり憲法上の権利としての学習権の内容を示した。

　裁判上子どもとの関係において語られることの多かった学習権について，大人との関係においても憲法上保障されることが確認されたことの意義は大きい。

　一方，上記判示は，いわゆる旭川学テ事件最判を参照するものの，判文上学習権の発生根拠に隔たりがあるようにみえ，主体の差異も手伝って学習権の内容を不明瞭で複雑なものにしている。

　たとえば，旭川学テ事件最判は，子どもの大人一般に対する教育の措置要求権的な性質を含むものとして学習権を定義し，本判決もこれを引用する。一方，本判決は，その主体として設定した「大人」については，学習権の内容として教育の措置要求をすることができるのか，できるとして誰にできるのか，といった点を沈黙しているようにみえる。

　旭川学テ事件最判は，憲法26条の規定の背後に観念される自然権的な人権として，学習権を定義する。憲法26条は1項2項ともにその文言上後国家的な権利と考えられる。これに対し本判決は，上記最判と異なり，学習権を後国家的な「憲法26条に基づく」権利とする。

　本判決が，a 上記最判同様学習権を自然権的な権利と把握したうえで形式的な誤謬を犯したのか，b 大人の学習権を自然権的に把握することの可否を検討したうえでこれを否とし，あえて憲法26条に基づく権利としたのか，それとも，c 学習権の自然権的な側面を認めたうえで，憲法26条から発生する

社会権的な側面とともに憲法上の学習権として併存・統合させようとしたものなのか，判文上から読み取ることは難しい。

　aだとすれば，本判決は，学習権の内容を「国民各自が，一個の人間として，また，一市民として，成長，発達し，自己の人格を完成，実現するために必要な学習をする権利」と定義し，憲法26条１項の教育を受ける権利とは異なる権利と捉えていることとなろう。したがって，少なくとも3.(1)②においては，憲法上の権利としての学習権が，社会権的側面を有するか否かは沈黙していることとなる。

　bだとすれば，本判決は，憲法上の学習権を憲法26条１項の教育を受ける権利と同視したものといえよう。この点において，旭川学テ事件最判の学習権理解と断絶する。

　この場合，3.(1)②で「憲法26条に基づく」と記したことにより，憲法上の権利としての学習権が社会権的側面を有することを明らかにしたといえる。すなわち，大人は，憲法上の学習権として，「法律の定めるところにより」国家に対して教育の措置要求ができる権利を有する。しかしこの立場は，憲法26条の教育を受ける権利と別に「（大人の）学習権」という概念を設定することの要否が，憲法26条の規定そのもののうちに「国民各自が，…学習をする権利」を読み込むことができるのかという法（文言）解釈の問題と共に浮上する。

　cは，学習権の性質に関する旭川学テ事件最判との連続性と，社会権の後国家的性質とを，齟齬のない形で併存させたものとして，一見するとすわりの良い解釈のようである。

　しかし，自然権的性質と憲法26条に基づく社会権的性質とを切り離したうえで学習権概念において併存させるこの立場は，「国民各自が，…学習をする権利」という自然権的権利が後国家的規定である憲法26条「に基づく」と判示されたことの矛盾が，a以上に際立つ。両性質の差異及び発生根拠を意識的に分離する以上，形式的な誤謬と説明することはほぼ不可能だからである。

　以上のように，旭川学テ事件最判との連続性において，本判決が示した憲法上の権利としての学習権の内容を理解する作業には困難が伴う。「大人の」

学習権が憲法上の権利であることを示した重要な意義の一方，その内容・発生根拠・保障態様等については，引き続き学説等による検討作業が必要となろう。

⑵学習成果の発表の自由

　本判決は，3.⑴③のとおり，憲法上の権利としての学習権が学習成果の発表の自由を保障しないとした。

　本判決は，憲法上の権利（自由）としての表現の自由と学習権の保護範囲を二律背反的にとらえる。そのうえで，学習成果の発表は表現そのものであるから，表現の自由によってのみ保障されるとする。

　しかし，本判決が比較対象とする学問の自由（憲法23条）における研究発表の自由について，表現の自由（憲法21条1項）の保護範囲から排斥する議論は，寡聞にして知らない。

　本判決の論理は，以下の2つのいずれかの立場を前提としなければ成立しないであろう。

　1つは，一方向的に知識を詰め込む学習のみを，憲法上の学習権における「学習」としてとらえる立場である。しかし，対象との対話，他者との対話，自己との対話というコミュニケーションの重層的な相互作用を学習としてとらえる立場と比して狭きに失する。ことに，学校教育と異なる大人の学習が問題とされる場面において，学習概念からあえて自己教育相互学習を除外することは，批判的に検討される必要があろう。また，知る権利が憲法21条1項により保障されるとする現在の潮流からしても，上記の説明により学習権と表現の自由の保護範囲を峻別することに成功しているといえるのか，疑問が残る。

　2つは，学習成果の発表の自由も学習権により保障されることを認めつつ，憲法上は学習権と表現の自由の各規定を重畳的に適用することは許されないとし，学習権が一般法・表現の自由が特別法の関係に立つため，学習成果の発表の自由は，憲法上表現の自由の規定（憲法21条）によってのみ保障されるとする立場である。この立場は，（重畳適用の否定を措いて）学習権

を憲法上の権利のより根源的なものと捉える堀尾輝久の学習権構想[6]に親和的であろう。しかし、「学習権の内容に学習成果の発表の自由が含まれると解することはできない」との文言から、本判決はこの立場を採用していない可能性が高い。

　本判決が1つ目の立場を採用しているとすれば、3.(1)④（たよりに掲載されないことにより、Xが学習をすること自体は制限されない）は当然の帰結となる。

　憲法上の学習権の内容、とくに「学習」のとらえ方がこのように狭小なものでよいのかは、残された重大な課題といえる。

(3)　学習権の自由権的側面

　本判決は、憲法上の学習権に自由権的性質が存するのか否かについて、(2)で触れた学習成果の発表の自由以外については明示がない。ただ、自由権としての性質そのものを否定することなく、成果発表の自由が保障されるか否かを争点化した以上、本判決は、少なくとも憲法上の学習権に自由権的性質が存することを前提としているものと読み取ることは許されよう。

(4)　公民館職員の公正取扱義務

　3.(1)①は、公民館職員が公民館利用者を公正に取扱う義務について、「公民館の職員に課される学習権を保障するための義務」とする。ここでいう「学習権」が憲法上の権利であるか否かは、同①をみるかぎりでは明らかでない。しかし、これに続く同②において何の留保もなく「学習権は、憲法26条に基づ」く権利と判示していることからすれば、同①の「学習権」も憲法上の権利として把握しているものと考えられよう。

　これを前提としてなお意識しなければならないのは、憲法上の権利である学習権から、（いわば権利義務関係として）上記公正取扱義務が直截に導出されるのか否かという点である。

　上記公正取扱義務が憲法上要請される義務であれば、特別法の関係に立つ

社会教育法上の規定が優先的に適用されるはずである。しかし，同①では，社会教育法9条の3第1項及び同12条との比較において上記公正取扱義務のみを適用すれば足りるとする。このことから，同①における公民館職員の公民館利用者に対する公正取扱義務は，憲法上の学習権を保障する趣旨であるものの，憲法から発生するものではなく法令に基づき発生するものとして本判決は把握しているものと思われる。

　このように，3.(1)①の公正取扱義務は，実定法及びその制度から導き出されるものであることが確認された。その一方で，かかる実定法及びその制度が，憲法上の学習権から導き出されたことも本判決は確認したものといえる。

　ここで残された課題は，①社会教育法上明確に規定されている9条の2第1項及び12条の適用を優先させるべきでなかったのか，②3.(1)①にいう公正取扱義務違反の場合に，憲法上ないし実定法上の法律上保護される学習権侵害といえるのか（本判決を素直に読む限り少なくとも後者は認めているように思われる），という点だろう。

6．実定法上の権利としての学習権

(1)　判示の不在

　上記のとおり，3.(1)で登場した学習権は，すべて憲法上の権利（以下，「①レベルの権利」という。）として取り上げられた可能性が高い。本判決は，本件において少なくとも①レベルの権利としての学習権侵害について否定している。

　一方，4.(2)②憲法上の権利を実定法化具体化するために政策的に制度化した，その制度の範囲内で認められる，あるいは構築される，実定法上の権利（以下，「②レベルの権利利益」という。）としての学習権について，本判決は明確に示していない。

　その代わりとして本判決は，3.(3)で示したとおり，法律上保護される利益侵害として，Xの人格的利益侵害を認定する。すなわち，ここで認定さ

れた人格的利益は，4.(2)③実定法上の権利とはいえないような，制度保障の単なる反射にすぎないもの（以下，「③レベルの利益」という。）ではないことが確認されたものといえる。

(2) 憲法上の権利を実定法化具体化するための制度

　3.(3)で示された人格的利益が③レベルの利益にとどまらず，②レベルの権利利益であることを導く前提となったのが，3.(2)の論理である。

　本判決は，3.(1)等において，社会教育法の各規定が（憲法上の権利としての）大人の学習権保障を趣旨とすることを示す。憲法上の権利としての学習権を実定法化具体化するために政策的に制度化したものが，社会教育法であり，同法に基づく施設・機関である公民館であることを確認したものといえる。

　以上の制度理解を前提に，公民館を「公的な場」の概念とともに示したのが，3.(2)といえよう。

(3) 実定法上の制度の内容

　3.(2)は，公民館の目的規定（社会教育法20条），国及び地方自治体の環境醸成義務（同法3条1項，5条），公民館の事業（同法22条）を引用する。「公的な場」として語られた内容，すなわち，「住民の教養の向上，生活文化の振興，社会福祉の増進に寄与すること等を目的とする公的な場」とは，社会教育法により制度として創設された公民館について，同法の規定を引き写す形で言い換えたものにすぎない。

　つまり，「公的な場」などという概念を用いているものの，3.(2)は，憲法上の権利としての学習権を実定法化具体化した社会教育法及びそれに基づく制度としての公民館を示したものにすぎない。

　そして，3.(2)では，上記の制度の目的，役割及び機能と，地方自治法244条3項に照らして，公民館職員は，「住民の公民館の利用を通じた社会教育活動の実現につき，これを公正に取り扱うべき職務上の義務」を負うものと

された。

⑷ 「公的な場」の可能性

　⑶で取り上げた公正取扱義務は，3.⑴①に比して，実定法に基づく実定法上の義務としてとらえやすいだろう。

　しかし上記のとおり，3.⑵では，社会教育法や地方自治法という実定法を引用すれば十分と考えられるのに，あえて法律に規定のない「公的な場」という概念を媒介している。

　船橋図書館事件最高裁判決は，本件と異なり，閲覧に供された図書の著作者の実定法上の権利利益を導くための概念として，「公的な場」が用いられた。すなわち，実定法上からは社会教育施設の利用者である住民に対する義務や権利利益を導出しうるものの，著作者に対する義務や権利利益を導出することが困難だったがために，住民にとっての公的な場→著作者にとっての公的な場という媒介をえて，はじめて法律上保護に値する利益にあたるとされたのである。

　これとの比較において，本判決が「公的な場」を用いた意義とは何なのか。

　一方では，実定法の引用のみで足りたものを，船橋図書館事件最判と表現上の平仄をあわせるためにのみ用いたものであり，概念としては無意義であるととらえることもできる。

　その一方で，本件においてあえて「公的な場」の概念を用いたことに，積極的な意義を見出すこともできるかもしれない。すなわち，実定法により直截に導出しえない施設・機関における利用者との関係についても，社会教育法の論理を準用しうる道筋を開いた，という可能性である。

　後者のように理解すれば，社会教育法による統制を回避するために組織変更を行った「市民活動センター」などの施設においても，本判決と同様の「公的な場」としての性質を認定できれば，本判決同様の公正取扱義務が職員に課せられることになりうる。

　このような理解は，憲法学において議論されている規制・助成二分論やパ

九条俳句訴訟と学習権 | 173

ブリックフォーラム論にも示唆を与えうるかもしれない。国家による助成として制度が法整備化された公民館の歴史的経緯が，一つのモデルケースとして参照される可能性である。

(5) 実定法上の学習権

　話がそれたが，本判決における実定法上の権利の話に戻る。

　3.(3)では，住民の公民館の利用を通じた社会教育活動の一環としてなされた学習成果の発表行為について，思想・表現の自由が憲法上最大限尊重されるべき基本的人権であることから，その思想，信条を理由に他の住民と比較して不公正な取扱いをしたときは，当該住民の人格的利益を侵害するものとして国家賠償法上違法となるとする。

　3.(2)では，公民館職員の住民の公民館の利用を通じた社会教育活動の実現についての公正取扱義務につき，これに違反した場合に法律上保護される利益が侵害され違法となるか否かについては，沈黙している。これに対し，同(3)では，少なくとも，a 上記社会教育活動の一環としてなされた学習成果の発表行為に対して，b 思想信条を理由とした場合に，公正取扱義務違反が違法となり，法律上保護される人格的利益が侵害されることを認めた。このabの条件がととのわないケースにおいて，違法性や法律上保護される利益が侵害されたといえるのか，本判決は沈黙している。本判決は，その意味では事例判断である。

　3.(2)の公正取扱義務は，社会教育法及び地方自治法における住民に対する公民館職員の規律から直截に導出し得る実定法上の義務である。かかる義務は，住民の公民館の利用を通じた社会教育活動の実現を保護することを目的としたものである。社会教育法の各規定，ことに9条の3第1項及び12条が（大人の）学習権を保障する趣旨であるとした本判決の立場からすれば，「住民の公民館の利用を通じた社会教育活動の実現」自体を法律上保護すべき利益（②レベルの利益）ととらえたものと解するのが自然でなかろうか。

　そうだとすれば，本件で確認された人格的利益とは，a「住民の公民館の利用を通じた社会教育活動の一環としてなされた学習成果の発表行為」その

ものと考えられる。ｂ思想信条を理由とする不公正取扱いは，国家賠償法１条に基づき違法性を相関関係説的に検討する際に，上記人格的利益の侵害態様として考慮要素とされたにすぎないと考えられる。

　かかる人格的利益の侵害について，実質的に学習権侵害を認めたものとの評価もなされている[7]。上記利益を学習権ととして構成できるのかは，残された課題であろう。

　ｂについては，船橋図書館事件最判でも人格的利益侵害を導く際に，（著作者の）思想・表現の自由が憲法により保障された基本的人権であることが論じられている。これに対し，3.(3)が（住民の）思想・表現の自由が憲法上保障された基本的人権であるにとどまらず，「最大限尊重されるべき」と判示したことに，何かしらの意義を見出すべきかも検討に値しよう。

　仮に意義を見出そうとすれば，それは，人格的利益の要保護性を導く方向か，あるいは，違法性における侵害態様の過酷さを示す方向か，そのいずれかになろう。後者のためにあえて判示したのだとすれば，上記人格的利益侵害が認められる他のケースにおいて違法性が認められる幅が狭くなる危険がある。

７．九条俳句訴訟の目的と課題

(1)　目的

　本件が提訴された当時（現在も），公民館をはじめとする社会教育施設や集会施設において，市民活動に対し，公権力が，中立性・公正性を理由に制限を加えるとの事案が散見された。本件の主な目的は，①作者やその仲間である市民が訴え続けた市民学習・表現活動に介入したことの『違法性』を勝ち取ること，②当時行政が市民活動を制限する際に用いることの多かった『行政の中立性・公正性』が市民の権利制約の正当化根拠にならないとの判断をもらい市民の自由への不当介入を防止すること，③『公民館』という社会教育施設で学ぶこと，『公民館だより』という媒体で学習成果を発表することが憲法で保障される基本的人権であることを確認するとともに，現場の

公民館職員が，市民活動に対して何をしてはならず，何をしなくてはならないのか，『不公正取扱・統制的支配など市民活動に介入しない一般義務』が確認されることで，現場の公民館職員に対する行動基準を示してもらうことで，社会教育の自由・学習権の市民保障のあるべき姿を明確にすることであった[8]。

(2) 「学習権」の目的と課題

弁護団が学習権にこだわったのは，学習権が上記の目的に内容としてしっくりくる権利であるとともに，社会教育や公民館という法律家（や一般市民？）にとって必ずしもなじみ深いとはいえない分野の問題であることを可視化するために相応しい権利であったからである。また，「からの自由」としての側面が強調されがちな表現の自由に不足するものを補完する憲法上の権利としての役割も求めた。

本件は，日本社会教育学会員の研究者が理論面をリードし，原告・市民・弁護団と一体となって自分の権利としての学習権・社会教育を自覚した運動が展開された。

本稿では，その結果として示された本判決の学習権の内容を確認してきた。

本判決で違法性を勝ち取れた最も大きな要因は，社会教育法の存在とそのもととなった寺中構想にあったといってよい。

憲法上（①レベル）の権利や自然権的な学習権といっても，その内容を抽象的に定める作業は不可欠だが，これを的確に表現することは難しい。本判決では，大人の学習権が憲法上の権利として保障されることが明確になったものの，その内容は不明確なままとなった。

一方で，国民の学習の自由を確保するために社会教育を法制化しようとした寺中作雄らの意図[9]が，長い時を経て，本件において具体的に結実したものといえる。本判決では，少なくとも，社会教育法により制度化された公民館の利用を通じた住民の社会教育活動の実現が，いわばその制度内在的な自由として，法的保護の対象となることが確認されたといえるのでなかろう

か。

　昨今の憲法学においては，アメリカ合衆国の議論などが参考にされ，規制・助成二分論が盛んに議論されている。とくに，国民の権利自由が確保されるための文化専門職の「義務＝自由」に着目して演繹する議論が注目される[10]。しかし，この「新しい」議論は，既に我が国の戦後における寺中構想と社会教育法にもとづき，70年にわたり公民館において実践されてきた歴史的過程と重なるところがある。この我が国における法的実験として綿々と築き上げられてきた現実が，憲法学により帰納されることが望まれよう。

　また，公民館職員の専門職性をいかに育むかという問題[11]とともに，それを補完する民主的なコントロール手段としての公民館運営審議会という制度が，社会教育法によって設計されていたことにも着目される必要がある。さいたま市の不当な干渉によりこの制度が機能不全に陥ったことが，本件がやむを得ずに訴訟に至った原因でもあった。

　社会教育法は，民主的で平和な日本を育むために構想された，すべての国民の学習の自由を制度的に保障するための仕組みである。しかし，かかる社会教育法や社会教育行政が，その内実を切り崩されようとする現実もある。この現実を前に，本判決が示した「公的な場」の概念に，本来の社会教育法の原点たる理念や目的を保存する役割を求めることは，決して過大な要求とはいえまい。そしてその前に，社会教育法及びその本来の理念にこだわった，住民の学習の自由と民主的運営が確保される公民館・社会教育行政の日々の運用が期待される。

【註】
1）両判決につき，判例時報2395号47頁。筆者の1人による判例評釈として，石川智士「9条俳句不掲載事件」季刊教育法203号96頁。
2）積極的意義を強調するものとして，樋口陽一『憲法〔改訂版〕』（創文社，2004年）11頁，30頁など
3）とくに，近代立憲主義憲法により「国家による」「団体からの」「個人の自由」が生み出された経緯を重視する上掲註2の立場からすれば，本件では問題とならないものの，個人の自由VS社会教育関係団体の自由という構図も看過することはできない。これ

は，法制化による社会教育の自由を守ろうとした社会教育法の立法趣旨とも重なる。

4）奥平康弘「教育を受ける権利」芦部信喜編『憲法Ⅲ人権(2)』（有斐閣，1981年）390頁参照

5）石川健治『自由と特権の距離〔増補版〕』（日本評論社，2015年），同「制度の時代」樋口陽一ほか編『憲法の尊厳─奥平憲法学の継承と展開』（日本評論社，2017年）27頁，奥平康弘『憲法Ⅲ─憲法が保障する権利─』（有斐閣，2005年）88頁以下など参照

6）堀尾輝久「国民の学習権─人権思想の発展的契機としての」『人権としての教育』（岩波現代文庫，2019年）

7）明確に述べるものとして，榎透「公民館の職員が，俳句サークルの会員が詠んだ憲法9条を内容とする俳句を公民館だよりに掲載しなかったことが，思想，信条を理由に不公正な取扱いをしたことにより，右会員の人格的利益を侵害したとして国家賠償法上違法とされた事例」判時2427号164頁。吉崎暢洋「九条俳句不掲載訴訟・控訴審判決」新・判例解説 Watch（文献番号 z18817009-00-011441642）も同旨か。

8）佐藤一子ほか編『九条俳句訴訟と公民館の自由』（エイデル出版，2018年）45頁

9）昭和21年7月5日文部次官通牒（発社第122号，各地方長官宛）「公民館の設置運営について」，寺中作雄『社会教育法解説　公民館の建設』（国土社，1995）

10）蟻川恒正「国家と文化」『岩波講座現代の法Ⅰ　現代国家と法』（岩波書店，1997）191頁，同・「論点解説『規制と給付』」法セ754号50頁以下，同・「表現『不助成』事案の起案(1)」法教417号85頁ないし「同(5)」同422号100頁。

11）佐藤一子『「学びの公共空間」としての公民館』（岩波書店，2018年）52頁

九条俳句訴訟に伴う学習運動による社会教育の主体の形成

岩松　真紀

はじめに

　戦後日本の社会教育は，憲法，教育基本法，社会教育法の法体系のもとで発展してきた。

　しかし，九条俳句不掲載損害賠償等請求事件（以下，九条俳句訴訟）を通してつまびらかになったことは，社会教育関係者がそれまでもっていた"正しさ"を主張するだけでは理解を得られない社会になっているということである。訴訟に勝利し，公民館だよりへの俳句掲載に至るまでには，弁護士・住民・研究者での打ち合わせや学習会を重ね，多くの人とその成果を共有する集会を開き，関係する学会や団体内で議論し社会教育の理論をきたえ，口頭弁論や準備書面や意見書で裁判官に社会教育の理念を伝える努力をし，取材を受け記者会見を開き世論に訴えるという行程，すなわち学習を伴う運動（学習運動）が必要となった。当事者以外の市民を巻き込んだ，分野や学会を超えるような不定形な学習と，その学習成果を社会に問うような運動が九条俳句訴訟における原告勝訴を導いた。

　近年の公民館で起こった問題において（例えば，2015年11月東京都あきる野市チラシ配架拒否事件，2016年11月長野県池田町の公民館使用許可取り消し事件），問題解決の過程に職員の姿は見えず，行政対市民の直接的な対立構図が発生せざるを得なくなっている。今回の九条俳句不掲載問題の発端

は，研修などが整備されていない中での，公民館職員の社会教育や学習権に
かかわる理解の不足にあるといえ[1]，本来であれば学習を支える側である職
員の不在以上に不幸な状況下で，この九条俳句不掲載問題はスタートしてい
る。

　安藤聡彦（2018）[2]は，さいたま市での「公民館のアイデンティティの揺
らぎと喪失」の状況を示し，九条俳句不掲載事件を通しての三橋俳句会関係
者による公民館の再発見の過程，「公民館に対するアイデンティティ再生の
芽生え」を明らかにしている。これは，かつて東京都国分寺市での公民館づ
くり運動のなかで，その担い手たちが公民館像を再確認していく過程を思い
起こす（遠藤2002[3]）が，学習を組織したり支えたりする役割をもつ高い専
門性をもった職員の有無が大きな差となっている。社会教育について九条俳
句訴訟をめぐる学習運動は，職員のかかわらない自己教育運動といえるもの
で，どのような人や団体がどのようにかかわり，相互に学習をしていたのか
を明らかにすることにより，単なる訴訟運動ではなく学習運動としての全体
像を把握することになる。すなわちそのことが，社会教育の主体の形成過程
を明らかにすることとなる。

１．九条俳句不掲載問題の解決をめざした運動の主要な主体とその関係

⑴　原告および市民団体

　のちの原告となる俳句作者の他に，中心となって動いていた団体としての
市民に，不掲載問題が新聞で報道されてすぐに立ち上がった市民8人により
結成された「三橋公民館だより俳句掲載拒否を考える市民の集い」世話人
（以下，「市民の集い世話人」2014年7月結成）がある。提訴により「市民の
集い世話人」が中心となり，「『九条俳句』違憲国賠訴訟を市民の手で！実行
委員会」（以下，「九条俳句」市民応援団，2015年6月発足）が組織され
た。2019年7月に「『九条俳句』市民応援団」が解散ののちは，以下の3つ
の活動に発展的に解消し，活動が続けられている。「みんカフェ（公民館カ

フェ)」(2018年1月から),「九条俳句市民検証委員会」(2019年7月から),
「表現の自由を市民の手に全国ネットワーク」(2019年7月から)。

　ドキュメンタリー映画「ハトは泣いている―時代（とき）の肖像―」
(2017年作品, 123分) は, 2014年に相次いだ「表現の自由」をめぐる二つの
事件, 東京都美術館での中垣克久氏の作品撤去事件と, 九条俳句不掲載問題
を描いている。2016年6月25日九条俳句訴訟の提訴1周年集会で完成上映会
が行なわれた（その後2017年に再編集されている）。九条俳句不掲載問題に
関しては, 提訴に至るまでの1年間にわたる「市民の集い世話人」の動きが
丁寧に描かれている映画である。「上映会は一人ではできません。職場や学
校, 団体に呼びかけ, 一人でも多く上映会に参加してもらうことで, 広がり
をもった仲間が増え活発な議論, 活動に繋がっていきます」[4]という方針に
基づき, 全国各地での上映運動として継続している。「映画『ハトは泣いて
いる』の上映をすすめる会」が結成され, 「憲法を考える映画の会」の動き
ともつながりながら, 各地の「九条の会」や各地での上映が行なわれた[5]。
2017年日本社会教育学会六月集会（東京農工大学）会場校企画での上映, そ
れを見たことによる他大学での上映という広がりもあった。

(2)　社会教育研究・実践団体等

　「学習の自由と公民館」に関する教育研究団体等連絡会議「学習の自由と
公民館」連絡会議（日本社会教育学会, 日本公民館学会, 社会教育推進全国
協議会, 社会教育・生涯学習研究所, 埼玉社会教育研究会）が2015年9月に
発足した。「連絡会議は, 訴訟経過について情報を共有し, 「九条俳句問題」
及び「学習の自由と公民館」に関する研究・調査と協議, シンポジウムの開
催等の共同のとりくみを企画・提案し, 各教育研究団体の研究活動の連携の
もとに学術的な立場から社会に対して研究成果の発表と意見表明を行う」[6]
ことになっており, 実際に3回のシンポジウムの企画, 「九条俳句訴訟東京
高裁判決についての見解」の発表など, 訴訟の進捗に合わせた必要な対応を
話し合い, 実行した。
　「学習の自由と公民館」連絡会議に所属する各学会等のなかでもさまざま

な動きがうまれている。日本公民館学会は，2014年11月5日という早い時期の「緊急公開シンポジウム市民にとって公民館とは？」（埼玉社会教育研究会主催，日本公民館学会協力）において，当時の手打明敏学会長，谷和明学会副会長が登壇し，それぞれ「公民館とは何か：設置理念と制度的発展」，「住民主体の文化活動の展開」を報告している[7]。2015年には，「九条俳句不掲載問題」プロジェクトをたちあげ，スプリングフォーラムや研究大会においてこの問題をとりあげた。その後は，2018年の「公民館判例研究会」へと続いている。

　日本社会教育学会では，2015年第62回研究大会ラウンドテーブル「『社会教育の自由』と『九条俳句』訴訟問題」にはじまり，2017年六月集会より，プロジェクト研究「『学習の自由』と社会教育」がスタートし，2019年まで続けられた。

　社会教育推進全国協議会（以下，社全協）では，2014年7月の俳句不掲載の新聞報道を受け，埼玉県南支部と連携をとりながら情報収集をはじめた。2014年7月発行の会員向けの社全協通信253号に，「市民の集い世話人」主催の「見過ごすことはできません『公民館だより掲載拒否』を考える市民の集い」の告知とともに初めての記事を掲載した。2014年8月8日「三橋公民館だよりにおける俳句掲載拒否への抗議と要望」をさいたま市教育委員会宛に提出，その後，埼玉県南支部は「『九条俳句』市民応援団」と連携していくようになる。社全協では，毎年の社会教育研究全国集会や学習会で関連する企画をたて，必要に応じアピールや要望をだしていった。その他，口頭弁論の傍聴，報告会・集会等への会員に対する参加よびかけ，必要に応じ社全協通信や社全協だよりに経過の報告を載せ続けた。

　社会教育・生涯学習研究所では，2017年4月に年報『民主主義と社会教育』発行，2017年10月に課題研究会「九条俳句訴訟と社会教育」を開催しているほか，所長である細山俊男が前述の2014年「緊急公開シンポジウム市民にとって公民館とは？」において登壇，「公民館の運営と職員の役割を考える」を報告している[8]。

　なお，埼玉社会教育研究会にも属する佐藤一子（東京大学名誉教授）と安藤聡彦（埼玉大学）は，この問題が起こった当初より，集会や学習会に講師

やアドバイザーの役割で参加し，様々な場面でかかわり続けている。

　これ以外に「月刊社会教育」において小特集「九条俳句訴訟」がパートXI
まで掲載され，さらに判決が確定したあとの2019年6月号に小特集「九条俳
句訴訟勝訴判決をふりかえる」が組まれ，全国的な読者に情報を発信してい
る。

⑶　「九条俳句不掲載損害賠償等請求事件」弁護団

　口頭弁論の準備書面作成の過程や，報告集会，研究者との勉強会などで社
会教育への本質的な理解が深まり，訴訟に反映されている。一方，報告集会
でのわかりやすいその日の口頭弁論の解説が，参加者に社会教育とは何かを
伝え，ともに考える機会にもなっている。

　後者の例として俳句作者である原告についてのかかわりを考察してみる。
俳句作者本人によれば「法廷での説明もわかりやすく，知らないことがわ
かってくる。そのあと報告集会がいつも勉強の場であり，学びの場になって
いた。報告集会で弁護士さんは，法廷よりももっとわかりやすく話し，佐藤
一子先生もまとめてくれ，一般の参加者も発言していた。裁判とは何か，を
学ぶ場にもなった」[9]とのことである。証言のために法廷に立った際には，
弁護団と次のような打ち合わせが行なわれていた。

　重要なテーマである『相互学習』とは何かを明らかにする原告の体験に基
づいた具体的な語りをしてもらうために，「今回の尋問にあたり，原告とは
延べ3回にわたり打合せを行ないました。また，昨年，裁判所に提出した原
告の陳述書の作成の際にも，3回ほど，原告と打合わせを行ないました。打
ち合わせ以外にも，電話でもやり取りをしました」「原告が少しでも話しや
すくなるように，できるだけ会って信頼関係を築きたいと考えていまし
た」[10]と，マンツーマンでの丁寧な学習の過程があったことがわかる。

　また，前者の例として，「月刊社会教育」2016年5月号座談会[11]での弁護
団の発言をあげる。

　「九条俳句」違憲国賠訴訟弁護団事務局長，久保田和志によれば「われわ
れはどうしても法律の観点から考えてしまうのですが，先生方の視点の本質

的な部分や実態のご報告がとても勉強になります。公運審についてもそういう制度があることも知りませんでした。公民館の実態もご教示いただき，書面に反映しています」と，公民館運営審議会の制度を知らなかったことを述べている。「初めは学習権や社会教育の自由については，そういうのも関係するのかな〜，というくらいの認識だったのですが，学習会を通じてむしろ本丸じゃないかな，という感じにどんどん私たちも変わってきました」と，社会教育への理解をこの九条俳句訴訟をめぐって深めたことを述べている。事実，提訴から1年以上たった2016年12月9日の原告準備書面(12)の社会教育の教科書のような以下の書面構成にそれが表れている（基本的人権たる学習権の内容を確認，そのうえで学習権保障を実質化するために制度化された社会教育法制の概要を確認，住民による主体的な自己教育相互学習の担い手として重要な役割を果たす社会教育関係団体の意義を確認，住民による主体的な学習の場として創設された公民館の役割を確認する)[12]。

２．提訴に至る原告および市民の社会教育，公民館に関する認識の変化

　中心的に動いた市民として「九条俳句」意見国賠訴訟を市民の手で！実行委員会（「九条俳句」市民応援団）は何を学んだかを考察する。

　訴訟全体を通して何を学んだのかを明らかにする第一歩として，学習の機会と考えられるものを表1にまとめた[13]。

　表にはないが，訴訟にかかわり裁判にあわせて臨機応変に開催された世話人会や，弁護団や研究者との会議がこれとは別に行われている。また，「学習の自由と公民館」に関する教育研究団体等連絡会議の開催するシンポジウム等にも市民応援団は後援と裏方としてかかわっている。市民応援団としてのニュースレターは，2019年7月の解散までにNo.25まで発行された。

(1)　提訴前までの変化

　九条俳句訴訟が提訴される前の3回分（2014年7月25日，2014年9月27

表1　「九条俳句」市民応援団の学習経過

日付	
2014年 7 月 7 日	事件を知った市民 8 人がさいたま市生涯学習センターに申入れ
2014年 7 月13日	公民館だより掲載拒否を考える集い（仮）準備会議 注 1
2014年 7 月25日	「公民館だより掲載拒否」を考える市民の集い開催120名参加 注 2
2014年 9 月27日	「俳句掲載拒否を考える市民の集い」Part 2 開催。160名参加
2014年11月20日	「俳句掲載拒否を考える市民の集い Part 3」開催
2015年 6 月10日	《九条俳句を考える》市民の集い開催。100名参加。注 3
2015年 6 月25日	「九条俳句」違憲国賠訴訟 提訴
2015年 7 月 4 日	「九条俳句」市民応援団スタート集会開催。100名を超す参加。
2015年 9 月25日	さいたま地方裁判所で第 1 回口頭弁論。原告および弁護団が意見陳述。裁判終了後報告会。100名参加
2015年12月11日	第 2 回口頭弁論。さいたま市から第 1 回口頭弁論時に出された答弁書に反論しつつ，法的根拠を整理した陳述を弁護団が行った。報告会に100名参加
2016年 1 月29日	第 3 回口頭弁論。報告会に80名参加
2016年 3 月25日	第 4 回口頭弁論・報告会
2016年 5 月20日	第 5 回口頭弁論・報告会
2016年 6 月25日	「九条俳句」1 周年の集い　ドキュメント「ハトは泣いている」上映（140名）
2016年 7 月 8 日	第 6 回口頭弁論・報告会
2016年10月14日	第 7 回口頭弁論・報告会（70名）
2016年10月26日	ドキュメント映画「ハトは泣いている」三橋公民館で上映（40名）
2016年11月 3 日	埼玉大学で第 1 回「車座〈暮らしと社会〉ガク」・テーマ：「表現する」ことの意味で「ハトは泣いている」上映と交流〈40名〉
2016年12月 9 日	第 8 回口頭弁論・報告会
2017年 1 月20日	第 9 回口頭弁論（証人尋問）・報告会（70名）
2017年 3 月10日	第10回口頭弁論（証人尋問）・報告会（70名）
2017年 4 月28日	第11回口頭弁論 最終証人尋問 原告・作者（80名）
2017年 7 月28日	第12回口頭弁論 最終弁論（結審）・報告会
2017年 9 月 6 日	裁判勝利へ！　市民のつどい
2017年10月13日	さいたま地裁判決・さいたま市敗訴‼ 報告会
2017年10月24日	原告控訴「九条俳句」判決報告会
2018年 1 月26日	第 1 回こうみんかんカフェ『わたしたちの公民館。これから〜「九条俳句」さいたま地裁 判決から考える〜』（主催「みんカフェ運営委員会」）

2018年1月31日	日本ペンクラブ言論表現委員会シンポジウム『忖度』が奪う表現の自由
2018年2月17日	東京三鷹・武蔵野芸術劇場「ハトは泣いている」上原公子講演（65名）
2018年3月1日	東京高裁第1回口頭弁論。結審。口頭弁論報告会100名
2018年3月9日	図さいたま市での報告会（第2回こうみんかんカフェ
2018年4月28日	「九条俳句」東京高裁勝利判決へ！　東京集会
2018年5月18日	東京高裁判決。勝訴！　パレード・報告会
2018年6月9日	さいたま市での判決報告会（14時・さいたま市・鈴谷公民館
2018年6月22日	第3回こうみんかんカフェ
2018年9月2日	「九条俳句」上告から　今何を！　市民集会　さいたま市産業文化センター　14時
2018年10月24日	西東京市柳沢公民館を訪ねる
2018年11月14日	「九条俳句」掲載を求める市民集会
2018年12月21日	「九条俳句」掲載を求める12月行動へ　さいたま市役所　表現スタンディング
2019年1月28日	「九条俳句」報告市民集会

注1　筆者挿入　呼びかけは7月10日
注2　さいたま市行政（教育委員会）にも要請したが来ず
注3　チラシは「2015.6.10 市民の集い〜「公民館」のあり方を問う〜」

日，2015年6月10日）の各集会チラシ内で公民館がどのように表現されているかを確認すると，「サークル活動や交流促進の場である公民館」，「地域センターとしての公民館」，「主権者たる市民の自由闊達な文化，表現，政治論議，学びの地域センターとしての『公民館』」という表現で，交流や地域センターとして理解されていることがわかる。一方，1年がたち提訴する直前の集会は，タイトルが「2015.6.10市民の集い〜「公民館」のあり方を問う〜」であり，チラシ文言でも「表現の自由，中立性とは，公共とは，本来の公民館とは……」と，いまある三橋公民館が本来の公民館ではない，という認識にたっているであろうことがわかる。

(2)　九条俳句不掲載問題ならびに訴訟全体を通しての「九条俳句」市民応援団の変化

　提訴した2015年6月25日に「この会は『九条俳句』違憲国賠訴訟の勝訴をめざすとともに，『表現の自由』を守り，自由闊達な公民館活動を実現することを目的」として，「『九条俳句』市民応援団」が発足する[14]。

提訴後の2015年7月4日「「九条俳句」市民応援団スタート集会」の配布リーフレットでは，「「九条俳句」市民応援団に是非参加し，共に勝訴し，そして本来の公民館活動を主催者たる私たち市民一人ひとりがかちとることを」，「さいたま市教育委員会，行政は社会教育の歴史的役割をもつ「公民館」の場で，不当な「政治的介入」を行いました」と，社会教育という言葉が現れ，公民館がその社会教育の歴史的役割をもつものと表現されるようになった。提訴に向けての弁護団や研究者と世話人の間の学習の成果がここに現れているといえる。

　次に，判決が確定してからの「月刊社会教育」特集号から，「『九条俳句』市民応援団」の学習による変化をまとめて考えてみたい。

　「九条俳句」市民応援団代表の武内暁によれば，「弁護団が初めて社会教育，大人が学ぶ学習権について掘り下げて裁判に臨んだことは大きな成果だったと言っています。私たちも社会教育の歴史や公民館のあり方について学び，同時に今の時代状況が事なかれ主義に陥っていて行政との関係をどうするかをたえず考えさせられたこと，またメディアとの協力もふくめ本当にいろいろな要素を経験することができた4年半でした」[15]と，社会教育や公民館のことだけではなく，行政やメディアにまで学習の範囲が及んでいるという。また，問題が起きた当時俳句会の代表代行だったKさんによれば，「訴訟についていろいろな見方をする人もいます。政治に無関心で，平和に暮らしているから関わりたくないという人も大勢いることもわかりました。でも，私は今の世の中に生きている一人の人間として未熟ながら自分の考えをしっかりもちたい，社会のことを知りたいと平素から思っています。そういうところにこの問題が起きて，個人として自分の意見を言わなければと思いました」[16]と，社会とのかかわり合いのなかの自分の発見につながっている。俳句作者であり，原告であるSさんは，「裁判の過程はつらい面もありましたが，地裁で12回の弁論があり，そのたびに報告集会が開かれてとても励まされました。集会のゲストの発言も素晴らしくて，本当に勉強になりました。法廷の回を重ねるたびに自分の確信になっていきました」，「毎回の報告集会は，かつてないほど私にとって学ぶ場所になりました」[17]とこの訴訟をめぐる過程が，学習の過程であったことを裏付けるように発言している。

３．全体を通してどのような学びがあったか

　九条俳句訴訟は，訴訟が進めば進むほど，かかわる団体や人々が社会教育について学ばざるをえなかったという構造をもっていたことが，これまでの１，２を通して理解することができた。多様な主体がそれぞれに，また，かかわり合いながらこの訴訟にかかわる学習運動に並行して学習や研究をすすめていた。

　最後に市民にとってこの学びが今にどうつながったかを，「三橋公民館だより俳句掲載拒否を考える市民の集い」世話人から「九条俳句」市民応援団事務局長となった江野本恵子氏，同じく世話人からかかわり「九条俳句」市民応援団になった坂木秀久氏，俳句作者に，インタビューを行なった[18]。

①江野本恵子氏

　九条俳句訴訟はその過程が本当の意味での大人の学習だった。さまざまな立場の人がお互いに学びあってきた。なんとなく知っているからつながっている段階の（お互いの）関係から，このことを通してお互いに学びあっていけた。いまはみんカフェや検証委員会にかかわっている。落ち着いたら，三橋公民館のなりたちを調べるなどの違う展開もできるかもしれない。本来の公民館を再生していきたい。

　（訴訟を通して）公民館とのかかわり方が変わった。公民館に出会い直した。公民館を使ってもっと私たちは学習していかないといけないし，公民館にもそれを求めなければいけない。公民館と一緒に本来の姿をつくっていく。職員にまかせるのではなく，市民が参加しないとむずかしいことだ。本当に公民館としての役割をきちんと果たせる公民館をつくりたい。かつての大宮の公民館にはそういう時代があったと聞いた。取り戻していきたい。

②坂木秀久氏

　さいたま市には1945年４月から住んでいる。九条俳句の問題が起こったのと同時期に劇団「れんこん座」で朗読劇をはじめた。この仲間には九条俳句

の問題ではじめて知り合った人もいる。

　九条俳句の問題を契機に，三橋俳句会に入りいまも活動を続けている。

　6月25日を平和俳句デーと呼び，三橋俳句会で展覧会を行なった。九条俳句問題で知り合った俳句作者含めたメンバー4～5人で，お花見にいったり，お茶を飲んだりするようになった。検証委員会には入っていないが，みんカフェにはかかわっている。

　それまで組合などで差別の問題などを取り扱ったことはあるが，裁判で具体的にたたかったのは初めて。私の人生のなかの主要なできごとのひとつとなった。

③俳句作者

　（様々な集会でお話をされていましたが，の問いに対して）それまで人前で話しをすることがなかった。集会にもはじめは句会の他の人がでていたが，原告となった以上，できることはやらなきゃ，と思った。裁判と共に，社会教育や公民館がなぜいまのような状態なのかを学んだ。いいものだと知らなかった。

　みんカフェには私は特にかかわっていないが，さいたま市の教育長が三橋公民館に謝罪にきたときに，「（公民館だよりの）編集委員会に住民参加をつくりたい」と発言されていたのに進んでいないこともあるので，公民館のことには出続けてはいる。

　3人のインタビューからは，九条俳句不掲載問題を通じて社会教育や公民館についての理解が深まった以外に，地域内での新たな前向きなつながりができたことがわかる。

おわりに

　弁護団内で社会教育を専門に勉強されていた石川智士氏が，「大人の学習」についても考察している文章がある。

　「九条俳句訴訟の最も重要な意義は，訴訟の結果にではなく，その過程にこそあるのだろうと思います。俳句作者を中心に，市民，研究者，弁護士等

が各々役割を果たすべく活動し，その動向を踏まえ幾度となく闊達な議論を繰り返してきました。そして，そこで得た知見は，ターニングポイント毎に開かれた集会や，マスコミ等を通じて広く公開されました。まさに大人の学習の場でした」[19]

　大人の学習権が判決内でとりあげられるほどの弁論をする段階までにこの訴訟がなったが故に，弁護士をもってして，その訴訟の過程にこそ意義があるといわしめた。この訴訟にかかわる学習運動そのものに社会教育的な意味があり，弁護団もその学習の主体である。

　先述の坂木氏が2018年10月24日に西東京市の公民館を視察した報告がある。「公民館を建てる時から市民参加で計画され，利用する市民のことを一番に考えているという説明にも熱気が感じられた」，「誰かにまかせるのではなく自分が当事者として参加する地域づくり，地域づくりの担い手の育成を目的とした未来大学の設置，利用者は20代から80代まで幅広い世代が集まっているとの説明は自信に満ちていた」「さいたま市の公民館もこうありたいものだと深く思った」[20]という文には，さいたま市の公民館を変えていこうとする思いがある。

　その坂木氏とみんカフェにとりくむ江野本氏は，「私たちは，さいたま市の公民館について語り合おうと，公民館カフェを始めました。民主的な公民館のあり方を求めて教育委員会との話し合いも継続中です。公民館の歴史や役割をしっかり押さえ，公民館はどうあるべきか追及していくことで，事件の再発と公民館の再生を目指したいと思っています」[21]と公民館の再生を目指す。

　当初の目的であった謝罪と俳句の掲載を勝ち取ることで終わるのではなく，本来あるべき社会教育の姿を知り，地域のなかの社会教育や公民館を本来あるべき姿に戻そうと努力する主体が誕生したのである。

【註】
1）「本件に関与した職員が全て，社会教育法等の基本的知識の欠如がみられ，研修体験も不十分であったこと」，関わった職員たちの「政治的な考えが読まれている」というような主観的評価で不掲載が決められたことは，「原告準備書面⒂〜原告弁論の証拠に

基づく整理書面〜」に詳しい。

2）安藤聡彦「公民館のアイデンティティ・ロスト—九条俳句不掲載事件再考—」日本公民館学会年報，15巻，2018年，p38-47．

3）遠藤知恵子「公民館活動を支える運動と組織」鈴木敏正編著『都市公民館の再生』北樹出版，2002年，p76-102．

4）「ハトは泣いている」オフィシャルサイト https://to-kill-a-dove.com/2020年5月3日閲覧。

5）同上。

6）「学習の自由と公民館」に関する教育研究団体連絡会議（規約・当面の活動内容）2015年9月20日決定。

7）らふの会＆埼玉社会教育研究会，「緊急公開シンポジウム（埼玉社会教育研究会主催，日本公民館学会協力）『市民にとって公民館とは？』報告資料集」，2014年11月5日。

8）同上。

9）電話インタビュー，2020年5月4日実施。

10）弁護士川原祐介「原告の尋問を終えて」，「『九条俳句』違憲国賠訴訟を市民の手で！実行委員会ニュースレター」Vol.13，2017年5月25日。

11）久保田和志・石川智士．安藤聡彦・佐藤一子「座談会さいたま市九条俳句訴訟と市民の学習権をめぐって」『月刊社会教育』，No.720，国土社，2016年，p46-54．

12）2016年12月9日の原告準備書面⑿。

13）註：九条俳句市民応援団ホームページ http:// 9 jo-haiku.com/（2020年5月3日閲覧）に記載分の関係個所の抜粋に，掲載のない2019年9月2日以降とそれ以前のものへの注釈を筆者が追加した。

14）「九条俳句」違憲国賠訴訟を市民の手で！実行委員会規約，2015年6月25日。

15）武内暁，聞き手安藤聡彦「インタビュー　九条俳句勝訴判決を勝ち取った市民応援団の力」『月刊社会教育』No.757，国土社，2019年，p52-53．

16）九条俳句作者・訴訟原告（Sさん78歳）・三橋俳句会代表代行（当時）（Kさん88歳），聞き手佐藤一子「インタビュー　俳句掲載を求めて共に歩んだ4年半」『月刊社会教育』No.757，国土社，2019年，p46-49．

17）同上。

18）電話インタビュー。江野本氏，坂木氏は2020年5月3日実施，俳句作者は2020年5月4日実施。

19）石川智士「九条俳句訴訟　最高裁判決を受けて」『月刊社会教育』No.754，国土社，

2019年，p73.

20）坂木秀久「西東京市柳沢公民館を訪ねて」，「九条俳句」市民応援団ニュースレター
　　　Vol.22　2018年12月10日。

21）江野本恵子　市民応援団事務局長「高裁判決後，現場解決をめざして」『月刊社会教
　　　育』No.748，国土社，2018年，p60-61.

さいたま地裁　九条俳句不掲載損害賠償等請求事件判決文（抄）

さいたま地方裁判所平成27年（ワ）第1378号

平成29年10月13日判決

主　文

1　被告は，原告に対し，5万円及びこれに対する平成26年7月1日から支払済みまで年5分の割合による金員を支払え。（以下略）

事　実　及　び　理　由

第1　請求

1　被告は，原告に対し，さいたま市立三橋公民館（以下「三橋公民館」という。）が発行する三橋公民館だより（以下「本件たより」という。）に，別紙俳句目録1記載の文章（以下「本件俳句」という。）を同目録2記載の体裁で掲載せよ。

2　被告は，原告に対し，200万円及びこれに対する平成26年7月1日から支払済みまで年5分の割合による金員を支払え。

第2　事案の概要

1　本件は，原告が被告（さいたま市）に対し，①かたばみ三橋俳句会（以下「本件句会」という。）と三橋公民館は，本件句会が三橋公民館に提出した俳句を同公民館が発行する公民館だより（本件たより）に掲載する合意をしたと主張し，同合意に基づき，原告が詠んだ俳句（本件俳句）を本件たよりに掲載することを求めるとともに，②三橋公民館（その職員ら）が，本件俳句を本件たよりに掲載しなかったことにより精神的苦痛を受けたと主張し，国家賠償法1条1項に基づき，慰謝料200万円及びこれに対する本件俳句が掲載されなかった本件たよりの発行日である平成26年7月1日から支払済みまで民法所定年5分の割合による遅延損害金の支払を求める事案である。

2　前提事実（略）

3　争点

（1）本件合意の内容は，本件俳句を本件たよりに掲載することについて
訴求力ある権利を発生させるものであったか。

（2）三橋公民館の職員には，本件句会との間で，本件句会ないしその会
員に本件たよりへの俳句の掲載請求権を発生させる合意をする権限が
あったか。

（3）本件句会と三橋公民館が，本件合意をするに当たり，地方自治法234
条の適用を受けるか。

（4）原告は，本件合意に基づく俳句の掲載請求権を有するか。

（5）三橋公民館が本件俳句を本件たよりに掲載しなかったことは，原告
の学習権を侵害し，国家賠償法上，違法であるか。

（6）三橋公民館が本件俳句を本件たよりに掲載しなかったことは，原告
の表現の自由を侵害し，国家賠償法上，違法であるか。

（7）三橋公民館が本件俳句を本件たよりに掲載しなかったことは，原告
の人格権ないし人格的利益を侵害し，国家賠償法上，違法であるか。

（8）原告の損害

4　争点に関する当事者双方の主張（略）

第3　当裁判所の判断

1　認定事実（略）

2　争点（1）（略）

3　争点（2）（略）

4　争点（5）（本件俳句を本件たよりに掲載しなかったことが，原告の学
習権を侵害し，国家賠償法上，違法であるか。）について

（1）原告は，三橋公民館の職員は，①公民館利用者である原告を公正に
取り扱う義務に違反し，②学習権を保障する趣旨の規定である社会教育
法9条の3第1項及び③同法12条に違反して，本件俳句を本件たよりに
掲載しなかったことにより，原告の学習権を侵害した旨主張する。

　　しかし，社会教育法9条の3第1項及び同法12条の各規定は，原告が
主張するとおり，大人の学習権を保障する趣旨のものであるから，上記

各規定により，公民館の職員に課される学習権を保障するための義務
は，原告が主張する①公民館利用者である原告を公正に取り扱う義務の
一内容に過ぎないというべきであり，原告の学習権侵害に関する上記②
及び③の主張は，結局，①の主張と同じものであると解するのが相当で
ある。

（2）学習権は，憲法26条に基づき，国民各自が，一個の人間として，ま
た，一市民として，成長，発達し，自己の人格を完成，実現するために
必要な学習をする権利であり，特に，自ら学習することのできない子ど
もとの関係では，自己に教育を施すことを大人一般に対して要求するこ
とができる権利をいうと解するのが相当である（最高裁判所昭和51年5
月21日大法廷判決・刑集30巻5号615頁参照）から，子どものみなら
ず，大人についても，憲法上，学習権が保障されるというべきであり，
社会教育法2条及び3条は，これを前提とする規定であると解するのが
相当である。

　　しかし，憲法23条の学問の自由の内容に，研究発表の自由が含まれる
と一般的に解されている（上記最高裁判所判決参照）のと異なり，人間
のあらゆる表現は，学習を前提としてされるものであるから，学習成果
の発表は，表現そのものにほかならないというべきである。

　　したがって，学習成果の発表の自由は，学習権の一部として保障され
るのではなく，表現の自由として保障されるものと解するのが相当であ
るから，学習権の内容に学習成果の発表の自由が含まれると解すること
はできない。

（3）原告は，①表現の自由と学習権は，学習権の内容である学習成果の
発表は，表現活動の1つとして，表現の自由によっても保障を受けるた
め，両者には重なる部分があるが，学習成果の発表は，学習権の不可欠
の要素であること及び②学習権は，自己学習及び相互学習，学習成果の
発表の自由及び住民の知る権利を内容とするものであるところ，学習成
果の発表の自由や住民の知る権利という部分は，表現の自由によっても
保障を受けるため，両者には重なる部分があるが，学習権の内容である
住民の知る権利は，表現の自由の内容である知る権利とは異なり，教育

という観点が存在し，単純に情報にアクセスするのではなく，真実を学び，知るというものであることから，学習権は，表現の自由とは異なる性格を持つ以上，表現の自由とは別に保障されるべきものである旨主張する。

　　しかし，上記（2）のとおり，学習権の内容に学習成果の発表の自由が含まれると解するのは相当ではない。（以下略）

5　争点（6）（略）

6　争点（7）（本件俳句を本件たよりに掲載しなかったことが，原告の人格権ないし人格的利益を侵害し，国家賠償法上，違法であるか。）について

（1）原告は，本件句会の学習成果であり，かつ，作者の思想等が込められた作品を住民に発表ないし伝達する利益は，①公民館が，住民の学習権の保障を実質化するための社会教育施設であること，②公民館だよりは，地域住民に対する社会教育の助長・奨励のための媒体であり，学習成果を地域へ還元し，地域住民に対し，学習の機会を提供することを目的とし，公民館で活動する団体に対し，学習成果を発表する場を設けたものであること，③本件句会の会員は，公民館を利用する者であり，本件句会で会員らが詠んだ俳句が秀句となった場合，本件たよりに掲載することができたことを踏まえると，本件句会の秀句の作者には，本件たよりにより秀句を地域住民に発表する権利ないし利益があり，これは，人格権ないし人格的利益として法律上保護されると主張する。

　　しかし，上記2及び3のとおり，原告は，本件俳句の掲載請求権を有していないから，これを人格権ないし人格的利益という被侵害利益とする不法行為が直ちに成立するということはできない。

　　したがって，原告の上記主張は採用することができない。

（2）原告は，三橋公民館は，平成22年11月から平成26年6月までの3年8か月間，本件句会の秀句を本件たよりに掲載し続けてきたのであるから，秀句の作者には，秀句を本件たよりに掲載されることについて期待する権利ないし利益があり，秀句の作者の思想良心の自由や表現の自由が憲法により保障された基本的人権であることにかんがみると，三橋公

民館は，原告の思想や信条を理由とした不公正な取扱いによって本件俳句を本件たよりに掲載しないこととしたのであるから，三橋公民館が本件俳句を不掲載としたことは，思想，意見等を公衆に伝達する原告の権利ないし利益を不当に侵害するものである旨主張する。

（3）前提事実（3）イ及びエのとおり，三橋公民館は，本件合意に基づき，本件句会が提出した秀句を3年8か月にわたり，継続して本件たよりに掲載してきたのであるから，原告が，秀句として選出された本件俳句も，本件たよりに掲載されると期待するのは当然というべきところ，原告の上記期待は，著作者の思想の自由，表現の自由が憲法により保障された基本的人権であることにもかんがみると，法的保護に値する人格的利益であると解するのが相当であり，公務員である三橋公民館及び桜木公民館の職員らが，著作者である原告の思想や信条を理由とするなど不公正な取扱いをした場合，同取扱いは，国家賠償法上違法となると解するのが相当である（最高裁判所平成17年7月14日第一小法廷判決・民集59巻6号1569頁参照）。

（4）被告は，三橋公民館が，本件俳句を本件たよりに掲載することは，世論の一方の意見を取り上げ，憲法9条は集団的自衛権の行使を許容すると解釈する立場に反対する者の立場に偏することとなり，中立性に反し，また，公民館が，ある事柄に関して意見の対立がある場合，一方の意見についてのみ発表の場を与えることは，一部を優遇し，あるいは冷遇することになり，公平性・公正性を害するため，許されないから，本件俳句を本件たよりに掲載しなかったことには，正当な理由がある旨主張する。

ア　教育行政の基本は，政治的中立性が確保されることにあることはいうまでもないところ，教育基本法16条1項や社会教育法12条等が，教育行政は，政治的に中立であるべきといった内容を定めていることは，これを当然の前提とするものと解される。

イ　しかし，前提事実（5）イ及びウのとおり，三橋公民館は，本件書面1により，原告に本件俳句を本件たよりに掲載することができない理由について回答したが，本件書面2により，本件書面1で本件俳句を公

民館だよりに掲載することができない理由としていたものを撤回するに至っており，三橋公民館が本件俳句を本件たよりに掲載しないこととするに当たって，三橋公民館及び桜木公民館の職員ら（C，D及びE）は，本件俳句を本件たよりに掲載することができない理由について，十分な検討を行っていなかったと認められる。

　なお，本件書面1には，本件俳句を本件たよりに掲載することができない理由として，①公民館は特定の政党の利害に関する事業を行うことは禁止されていること（社会教育法23条1項2号）及び②国内世論が大きく分かれているものは広告掲載を行わないとされていること（さいたま市広告掲載基準4条（1）エ）が挙げられているが（前提事実（5）イ及びウ），①社会教育法23条1項2号は，公民館が，特定の政党の利害に関する事業を行うことを禁止する規定であること，②さいたま市広告掲載基準が想定する広告は，民間企業等の広告であることからすれば，本件たよりに本件俳句を掲載することができるかどうかの判断の根拠となるものでないことが明らかである。

ウ　本件俳句が，憲法9条が集団的自衛権の行使を許容していると解釈すべきでないとの立場を表明したものであるとすると，本件俳句を本件たよりに掲載することにより，三橋公民館は，上記立場に反対する立場の者からクレームを受ける可能性があることを否定することはできないが，前提事実（3）エのとおり，本件俳句を本件たよりに掲載する場合，別紙俳句目録1記載のように，本件句会の名称及び作者名が明示されることになっていることからすれば，三橋公民館が，本件俳句と同じ立場にあるとみられることは考え難いから，これを掲載することが，直ちに三橋公民館の中立性や公平性・公正性を害するということはできない。（以下略）

カ　以上によれば，三橋公民館が本件俳句を本件たよりに掲載しなかったことに，正当な理由があったということはできず，三橋公民館及び桜木公民館の職員らは，原告が，憲法9条は集団的自衛権の行使を許容するものと解釈すべきではないという思想や信条を有しているものと認識し，これを理由として不公正な取扱いしたというべきであるから，被告

の上記主張は採用することができない。（以下略）

7　争点（8）（略）

8　結論

　以上によれば，原告の請求は，5万円及びこれに対する不法行為の日（本件俳句が掲載されなかった本件たよりの発行日）である平成26年7月1日から支払済みまで民法所定年5分の割合による遅延損害金の支払を求める限度で理由があるから，その限度で認容し，その余の請求は理由がないので棄却することとして，主文のとおり判決する。

　　　　　　　　　さいたま地方裁判所第6民事部
　　　　　　　　　　　裁判長裁判官　大 野 和 明
　　　　　　　　　　　裁判官　佐 藤 美 穂
　　　　　　　　　　　裁判官　足 立 賢 明

資料 2

東京高裁　九条俳句不掲載損害賠償等請求控訴事件判決文（抄）
　東京高等裁判所平成29年（ネ）第5012号
　（原審・さいたま地方裁判所平成27年（ワ）第1378号）
　平成30年5月18日判決

主　　文
1　第1審被告の控訴に基づき，原判決を次のとおり変更する。
　（1）　第1審被告は，第1審原告に対し，5000円及びこれに対する平成26
　　　年7月1日から支払済みまで年5分の割合による金員を支払え。（以下
　　　略）
事　実　及　び　理　由
第1　控訴の趣旨（略）
第2　事案の概要（略）
第3　当裁判所の判断
1　認定事実（略）
2　争点（1）（略）
3　争点（5）（本件俳句を不掲載としたことが，第1審原告の学習権を侵
　　害し，国家賠償法上，違法であるか）について
　　　原判決36頁15行目の「自己に」の次に「学習要求を充足するための」を
　　加えるほかは，原判決の「事実及び理由」欄の「第3　当裁判所の判断」
　　の4に記載のとおりであるから，これを引用する。
4　争点（6）（略）
5　争点（7）（略）
6　争点（8）（本件俳句を本件たよりに掲載しなかったことが，第1審原
　　告の人格権ないし人格的利益を侵害し，国家賠償法上，違法であるか）に
　　ついて

（1）公民館は，市町村その他一定区域内の住民のために，実際生活に即する教育，学術及び文化に関する各種の事業を行い，もって住民の教養の向上，健康の増進，情操の純化を図り，生活文化の振興，社会福祉の増進に寄与することを目的とした施設であり（社会教育法20条），国及び地方公共団体が国民の文化的教養を高め得るような環境を醸成するための施設として位置付けられている（同法3条1項，5条参照）。そして，公民館は，上記の目的達成のために，事業として①定期講座を開設すること，②討論会，講習会，講演会，実習会，展示会等を開催すること，③図書，記録，模型，資料等を備え，その利用を図ること，④体育，レクリエーション等に関する集会を開催すること，⑤各種の団体，機関等の連絡を図ること，⑥その施設を住民の集会その他の公共的利用に供することとされ（同法22条），さらに公民館は，住民の福祉を増進する目的をもってその利用に供するための施設（公の施設）として，普通地方公共団体は，住民が公民館を利用することについて，不当な差別的取扱いをしてはならないと解される（地方自治法244条3項）。

　　公民館の上記のような目的，役割及び機能に照らせば，公民館は，住民の教養の向上，生活文化の振興，社会福祉の増進に寄与すること等を目的とする公的な場ということができ，公民館の職員は，公民館が上記の目的・役割を果たせるように，住民の公民館の利用を通じた社会教育活動の実現につき，これを公正に取り扱うべき職務上の義務を負うものというべきである。

　　そして，公民館の職員が，住民の公民館の利用を通じた社会教育活動の一環としてなされた学習成果の発表行為につき，その思想，信条を理由に他の住民と比較して不公正な取扱いをしたときは，その学習成果を発表した住民の思想の自由，表現の自由が憲法上保障された基本的人権であり，最大限尊重されるべきものであることからすると，当該住民の人格的利益を侵害するものとして国家賠償法上違法となるというべきである（最高裁平成17年7月14日第一小法廷判決・民集59巻6号1569頁参照）。

（2）これを本件についてみると，前提事実（3）及び（5）のとおり，

三橋公民館は，本件合意に基づき，平成22年11月から平成26年６月まで３年８か月間にわたり，本件句会が提出した秀句を一度も拒否することなく継続的に本件たよりに掲載してきており，本件たよりに掲載する俳句の選定を基本的に本件句会に委ねていたと認められるところ，従前と同様の選考過程を経て本件句会が提出した本件俳句については，それまでの他の秀句の取扱いと異なり，その内容に着目し，本件俳句の内容が，その当時，世論を二分するような憲法９条が集団的自衛権の行使を許容するものであるとの解釈に反対する女性らのデモに関するものであり，本件俳句には，第１審原告が憲法９条は集団的自衛権の行使を許容するものと解釈すべきではないという思想，信条を有していることが表れていると解し，これを本件たよりに掲載すると三橋公民館の公平性・中立性を害するとの理由で掲載を拒否したのであるから，第１審被告の上記掲載拒否行為は，第１審原告の公民館の利用を通じた社会教育活動の一環としてなされた学習成果の発表行為につき，第１審原告の思想，信条を理由に，これまでの他の住民が著作した秀句の取扱いと異なる不公正な取扱いをしたものであり，これによって，第１審原告の上記人格的利益を違法に侵害したというべきである。

（３）　第１審被告は，三橋公民館が，本件俳句を本件たよりに掲載することは，世論の一方の意見を取り上げ，憲法９条は集団的自衛権の行使を許容すると解釈する立場に反対する者の立場に偏することとなり，中立性に反し，また，公民館が，ある事柄に関して意見の対立がある場合，一方の意見についてのみ発表の場を与えることは，一部を優遇し，あるいは冷遇することになり，公平性・公正性を害するため，許されないから，本件俳句を本件たよりに掲載しなかったことには，正当な理由がある旨主張する。

　　しかし，前提事実（３）エのとおり，本件俳句を本件たよりに掲載する場合，原判決別紙俳句目録１記載のように，本件句会の名称及び作者名が明示されることになっていることからすれば，本件たよりの読者としては，本件俳句の著作者の思想，信条として本件俳句の意味内容を理解するのであって，三橋公民館の立場として，本件俳句の意味内容につ

いて賛意を表明したものではないことは，その体裁上明らかであるから，本件俳句を本件たよりに掲載することが，直ちに三橋公民館の中立性，公平性及び公正性を害するということはできない。また，前記（1）で説示したとおり，公民館の職員が，住民の公民館の利用を通じた社会教育活動の一環としてなされた学習成果の発表行為につき，その思想，信条を理由に他の住民と比較して不公正な取扱いをすることは許されないのであるから，ある事柄に関して意見の対立があることを理由に，公民館がその事柄に関する意見を含む住民の学習成果をすべて本件たよりの掲載から排除することは，そのような意見を含まない他の住民の学習成果の発表行為と比較して不公正な取扱いとして許されないというべきである。

　以上によれば，本件俳句が詠まれた当時，集団的自衛権の行使につき世論が大きく分かれていたという背景事情があったとしても，三橋公民館が本件俳句を本件たよりに掲載しなかったことにつき，正当な理由があったということはできず，三橋公民館及び桜木公民館の職員らは，本件俳句には，第1審原告が憲法9条は集団的自衛権の行使を許容するものと解釈すべきではないという思想，信条を有していることが表れていると解し，これを理由として不公正な取扱いをしたというべきであるから，上記職員らの故意過失も認められ，第1審被告の主張は採用することができない。

（4）したがって，三橋公民館及び桜木公民館の職員らが，第1審原告の思想や信条を理由として，本件俳句を本件たよりに掲載しないという不公正な取扱いをしたことにより，第1審原告は，人格的利益を違法に侵害されたということができるから，三橋公民館が，本件俳句を本件たよりに掲載しなかったことは，国家賠償法上，違法というべきである。

7　争点（9）（第1審原告の損害）について

　前記認定事実における本件俳句の本件たよりへの掲載が拒否された経緯，第1審原告の侵害された人格的利益は，住民の公民館の利用を通じた社会教育活動の一環としてなされた学習成果の発表行為につき，公民館の職員から，その思想，信条を理由に他の住民と比較して不公正な取扱いを受けない

という観点から法的保護に値するものであること，その他本件に顕れた一切の事情を総合勘案すると，第1審原告の人格的利益が侵害されたことによる慰謝料額は，5000円とするのが相当である。

8　当審における当事者の主張に対する判断（略）

9　（略）第1審原告の本件控訴は理由がないから，これを棄却し，また，第1審原告が当審において追加した請求は理由がないから，これを棄却することとして，主文のとおり判決する。

東京高等裁判所第2民事部

裁判長裁判官　白　石　史　子

裁判官　大　垣　貴　靖

裁判官　鈴　木　義　和

（資料1，資料2　解説）

　さいたま市大宮区三橋公民館の公民館だよりに公民館利用団体三橋俳句会の秀句が毎月掲載されてきた。しかし2014年（平成26年）6月25日に提出された「梅雨空に『九条守れ』の女性デモ」の句が，公民館の公平・中立性に反するとして不掲載となった。俳句作者，俳句会会員，市民などが公民館に説明を求めたが納得のいく説明が得られず，作者は2015年（平成27年）6月25日にさいたま地裁に提訴した。

　2017年（平成29年）10月13日さいたま地裁判決（資料1）。さいたま市と原告側双方が控訴し，2018年（平成30年）5月18日東京高裁判決（資料2）。さいたま市と原告側が上告し，2018年（平成30年）12月20日，最高裁の上告棄却が決定した。（平成30年（オ）第1282号，平成30年（受）第1569号，最高裁判所第一小法廷，裁判長裁判官小池裕）。

　東京高裁判決が確定し，2019年（平成31年）1月31日にさいたま市教育委員会細田真由美教育長は俳句作者（原告）に謝罪し，公民館だよりへの掲載を表明，2月1日発行の三橋公民館公民館だよりに九条俳句が掲載された。

（資料1，2抜粋，解説　佐藤一子）

資料 3

図書館の自由に関する宣言

日本図書館協会総会決議：1979年 5 月

　図書館は，基本的人権のひとつとして知る自由をもつ国民に，資料と施設を提供することをもっとも重要な任務とする。

1．日本国憲法は主権が国民に存するとの原理にもとづいており，この国民主権の原理を維持し発展させるためには，国民ひとりひとりが思想・意見を自由に発表し交換すること，すなわち表現の自由の保障が不可欠である。

　　知る自由は，表現の送り手に対して保障されるべき自由と表裏一体をなすものであり，知る自由の保障があってこそ表現の自由は成立する。

　　知る自由は，また，思想・良心の自由をはじめとして，いっさいの基本的人権と密接にかかわり，それらの保障を実現するための基礎的な要件である。それは，憲法が示すように，国民の不断の努力によって保持されなければならない。

2．すべての国民は，いつでもその必要とする資料を入手し利用する権利を有する。この権利を社会的に保障することは，すなわち知る自由を保障することである。図書館は，まさにこのことに責任を負う機関である。

3．図書館は，権力の介入または社会的圧力に左右されることなく，自らの責任にもとづき，図書館間の相互協力をふくむ図書館の総力をあげて，収集した資料と整備された施設を国民の利用に供するものである。

4．わが国においては，図書館が国民の知る自由を保障するのではなく，国民に対する「思想善導」の機関として，国民の知る自由を妨げる役割さえ果たした歴史的事実があることを忘れてはならない。図書館は，この反省の上に，国民の知る自由を守り，ひろげていく責任を果たすことが必要で

ある。

5．すべての国民は，図書館利用に公平な権利をもっており，人種，信条，性別，年齢やそのおかれている条件等によっていかなる差別もあってはならない。

外国人も，その権利は保障される。

6．ここに掲げる「図書館の自由」に関する原則は，国民の知る自由を保障するためであって，すべての図書館に基本的に妥当するものである。

この任務を果たすため，図書館は次のことを確認し実践する。

第1　図書館は資料収集の自由を有する

1．図書館は，国民の知る自由を保障する機関として，国民のあらゆる資料要求にこたえなければならない。

2．図書館は，自らの責任において作成した収集方針にもとづき資料の選択および収集を行う。その際，

（1）多様な，対立する意見のある問題については，それぞれの観点に立つ資料を幅広く収集する。

（2）著者の思想的，宗教的，党派的立場にとらわれて，その著作を排除することはしない。

（3）図書館員の個人的な関心や好みによって選択をしない。

（4）個人・組織・団体からの圧力や干渉によって収集の自由を放棄したり，紛糾をおそれて自己規制したりはしない。

（5）寄贈資料の受入にあたっても同様である。図書館の収集した資料がどのような思想や主張をもっていようとも，それを図書館および図書館員が支持することを意味するものではない。

3．図書館は，成文化された収集方針を公開して，広く社会からの批判と協力を得るようにつとめる。

第2　図書館は資料提供の自由を有する

1．国民の知る自由を保障するため，すべての図書館資料は，原則として国

民の自由な利用に供されるべきである。

　図書館は，正当な理由がないかぎり，ある種の資料を特別扱いしたり，資料の内容に手を加えたり，書架から撤去したり，廃棄したりはしない。

　提供の自由は，次の場合にかぎって制限されることがある。これらの制限は，極力限定して適用し，時期を経て再検討されるべきものである。

（1）人権またはプライバシーを侵害するもの

（2）わいせつ出版物であるとの判決が確定したもの

（3）寄贈または寄託資料のうち，寄贈者または寄託者が公開を否とする非公刊資料

2．図書館は，将来にわたる利用に備えるため，資料を保存する責任を負う。図書館の保存する資料は，一時的な社会的要請，個人・組織・団体からの圧力や干渉によって廃棄されることはない。

3．図書館の集会室等は，国民の自主的な学習や創造を援助するために，身近にいつでも利用できる豊富な資料が組織されている場にあるという特徴を持っている。

　図書館は，集会室等の施設を，営利を目的とする場合を除いて，個人，団体を問わず公平な利用に供する。

4．図書館の企画する集会や行事等が，個人・組織・団体からの圧力や干渉によってゆがめられてはならない。

第3　図書館は利用者の秘密を守る

1．読者が何を読むかはその人のプライバシーに属することであり，図書館は，利用者の読書事実を外部に漏らさない。ただし，憲法第35条にもとづく令状を確認した場合は例外とする。

2．図書館は，読書記録以外の図書館の利用事実に関しても，利用者のプライバシーを侵さない。

3．利用者の読書事実，利用事実は，図書館が業務上知り得た秘密であって，図書館活動に従事するすべての人びとは，この秘密を守らなければならない。

第4　図書館はすべての検閲に反対する

1. 検閲は，権力が国民の思想・言論の自由を抑圧する手段として常用してきたものであって，国民の知る自由を基盤とする民主主義とは相容れない。

   検閲が，図書館における資料収集を事前に制約し，さらに，収集した資料の書架からの撤去，廃棄に及ぶことは，内外の苦渋にみちた歴史と経験により明らかである。

   したがって，図書館はすべての検閲に反対する。

2. 検閲と同様の結果をもたらすものとして，個人・組織・団体からの圧力や干渉がある。図書館は，これらの思想・言論の抑圧に対しても反対する。

3. それらの抑圧は，図書館における自己規制を生みやすい。しかし図書館は，そうした自己規制におちいることなく，国民の知る自由を守る。

図書館の自由が侵されるとき，われわれは団結して，あくまで自由を守る。

1. 図書館の自由の状況は，一国の民主主義の進展をはかる重要な指標である。図書館の自由が侵されようとするとき，われわれ図書館にかかわるものは，その侵害を排除する行動を起こす。このためには，図書館の民主的な運営と図書館員の連帯の強化を欠かすことができない。

2. 図書館の自由を守る行動は，自由と人権を守る国民のたたかいの一環である。われわれは，図書館の自由を守ることで共通の立場に立つ団体・機関・人びとと提携して，図書館の自由を守りぬく責任をもつ。

3. 図書館の自由に対する国民の支持と協力は，国民が，図書館活動を通じて図書館の自由の尊さを体験している場合にのみ得られる。われわれは，図書館の自由を守る努力を不断に続けるものである。

4. 図書館の自由を守る行動において，これにかかわった図書館員が不利益をうけることがあってはならない。これを未然に防止し，万一そのような事態が生じた場合にその救済につとめることは，日本図書館協会の重要な責務である。

美術館の原則と美術館関係者の行動指針

※「行動指針」11項目の各解説，付則規定は省略

美術館の原則

1．美術館は，美術を中心にした文化の価値を継承・発展，さらに創造することに努め，公益性・公共性を重視して人間と社会に貢献する。

2．美術館は，人類共通の財産である美術の作品・資料及びそれに関わる環境の持つ多様な価値を尊重する。

3．美術館は，設置目的・使命を達成するため，安定した人的，物的，財源的基盤をもとに活動し，美術館に関わる人々と作品・資料等の安全確保を図る。

4．美術館は，倫理規範と専門的基準とによって自らを律しつつ，人々の表現の自由，知る自由を保障し支えるために，活動の自由を持つ。

5．美術館は，設置目的・使命に基づく方針と目標を定めて活動し，成果を評価し，改善を図る。

6．美術館は，体系的にコレクションを形成し，良好な状態で保存して次世代に引き継ぐ。

7．美術館は，調査研究に努め，その成果の公表によって社会から信用を得る。

8．美術館は，展示公開や教育普及などを通じ，広く人々とともに新たな価値を創造する。

9．美術館は，活動の充実・発展のため，各職務の専門的力量の向上に努める。

10．美術館は，地域や関連機関と協力連携して，総合的な力を高め，社会への還元を図る。

11．美術館は，関連する法令や規範，倫理を理解し，遵守する。

美術館関係者の行動指針
行動指針1：社会への貢献

美術館に携わる者は，美術館の公益性・公共性と未来への責任を自覚して，文化と芸術の継承発展・創造のために活動し，広く社会に貢献する。

行動指針2：多様な価値と価値観の尊重

美術館に携わる者は，作品・資料の多面的な価値を尊重し，敬意を持って扱い，作品・資料に関わる人々の多様な価値観と権利に配慮する。

行動指針3：設置の責任

設置者は，美術館が使命を達成し公益性・公共性を高めるよう，財源確保と人的措置，施設整備等の活動基盤の確保に努める。また，美術館に関わる人々とコレクションの安全確保を図る。

行動指針4：自由の尊重と確保

美術館は，日本国憲法に定められた国民の表現の自由，知る権利を保障し支える。これを実現するために，社会から作品・資料を負託されている美術館は，行動指針と専門的基準とによって自らを律し，活動の自由を保持している。

行動指針5：経営の安定

美術館に携わる者は，美術館の設置目的・使命や方針・目標を理解し，目標達成のために最大限の努力を払い，評価と改善に参画する。美術館の経営者は，経営資源を最大限に活かし，透明性を保ち，安定した経営を行うことで公益の増進に貢献する。

行動指針6：収集・保存の責務

美術館に携わる者は，作品・資料を過去から現在，未来へ橋渡しすることを社会から託された責務として自覚し，収集・保存に取り組む。美術館の定める方針や計画に従い，正当な手続きによって，体系的にコレクションを形成する。

行動指針7：調査研究

　美術館に携わる者は，館の方針に基づき調査研究を行い，成果を積極的に公表することに努め，また展示や教育普及の企画立案に反映させ，さらに学術的貢献を通して美術館への信頼度を高める。

行動指針8：展示・教育普及

　美術館に携わる者は，美術館が蓄積した作品・資料や情報を社会に共有の財産として，展示や教育普及など様々な機会を捉えて，広く人々と分かち合い，新たな価値の創造に努める。

行動指針9：研鑽の必要

　美術館に携わる者は，自己教育・研修等を通じて，専門的な知識や能力，技術の向上に努め，良質な業務の遂行に最善を尽くす。また，自らの知識や経験，培った技能を関係者と共有し，相互に評価して美術館活動の質を高める。

行動指針10：発信と連携

　美術館に携わる者は，人々や地域社会に働きかけ，他の機関等と対話・連携して美術館の総合力を高める。

行動指針11：法令・規範・倫理の遵守

　美術館に携わる者は，「美術館の原則」と「美術館関係者の行動指針」に基づいて活動する。関連法令を理解し，遵守するとともに，ICOM（国際博物館会議）の「職業倫理規程」や関連する学術分野の規範や倫理を尊重する。

ABSTRACT

"Freedom to Learn" and Social Education

Studies in Adult and Community Education
No. 64 (2020)
Edited by
The Japan Society for the Study of Adult and Community Education

The Idea of the Right to Learn as a Human Right and Issues concerning the
"Freedom to Learn"

NAGASAWA, Seiji
(Chiba Study Center, The Open University of Japan)

On June 25, 2014, the case in which the *haiku* written about Article 9 of the Constitution of Japan was refused publication in the "Mihashi Kominkan Newsletter" in Saitama City took on the character of a constitutional trial. It can be said that this case was an important opportunity to shed light on the degree of achievement and various issues in research related to the idea of the right to learn and freedom to learn in social education research, as each article in this annual report clarifies. In this paper, we try to review the philosophy and legal structures of the idea of the "right to learn" as a human right under the Constitution, Basic Act on Education, and Social Education Law, and how "freedom to learn" has been questioned in the history of social education since the Second World War. Finally, I would like to present the problems of the revisions to relevant laws under the 9th Decentralization Act, which made it possible to transfer public social education facilities from the Board of Education to the Head Office of the local government, an act which has been questioned in today's issues concerning the idea of the right to learn as a human right and the "freedom to learn."

Assurance of the "People's Right to Learning and Freedom of Learning" in the Process for the Programming of Social Education

SATO, Katsuko
(Professor Emeritus, University of Tokyo)

The focus of this paper is the problem of assurance of the "People's Right to Learning and Freedom of Learning" in the process for the programming of social education, especially in the field of community learning centers.

In postwar education reform, respect for people's spontaneous learning and respect for political education were specified in the Fundamental Law of Education and the Social Education Law. In the mature process of the thought of "social education as a right" of the 1960s to the 70s, new plans for the modern creation of community learning centers were proposed. In the process, the organization of learning based on recognition of the public nature of social education, citizens' participation in municipal affairs, and residents' learning demands were also discussed.

The positive neutrality principle, which respects various senses of values and opinions, has been shared by community learning center management based on citizens' participation in municipal affairs.

The lifelong learning policy also presumes "study about current subjects" to be important at the national level. However, "the new public responsibility" under national educational targets is advocated by the Fundamental Law of Education revision, and the "publicness of learning," which assures the freedom of spontaneous learning and the peoples' right to learning, is placed in question.

Freedom to Learn and future research issues on Social Education -from Lawsuit on the Haiku about Article 9 of the Constitution

ANEZAKI, Yoichi
(Sappro University Women's Junior College)

The freedom to learn is one of the essential elements of human freedom and is a Right not to be controlled by anybody. The freedom to learn originally belongs to civil liberty.

After World War II, Japanese Post-war reform introduced the Constitutional Right to Education and Freedom of Social Education from oppressive state power. The umbrella of the Constitution and the Fundamental Law of Education contains the School Education Law and Social Education Law so on. Rights require a "struggle for rights "(Ihering)

A citizen the *haiku* author living in Saitama city, went to court over a Lawsuit concerning the *haiku* about Article 9 of the Constitution against Saitama city who refused to publish the outcomes of learning activities by a social education club in its newsletter owning to its content.

The haiku poem was properly chosen by the club. The dispute concerning the refusal by the "Kominkan" to publish under the Social Education law and Constitution or the Kominkan's decision may possibly have not have been illegal. Especially whether or not the Kominkan officer's political judgement regarding the haiku about Article 9 of the Constitution should be seen as unfair interference was under question. Although the plaintiff sought state compensation, the essence was to force Kominkan recognition for the freedom to learn and the freedom to social education.

The court of first instance and second instance handed down victories for the plaintiff. Saitama city apologized to the *haiku* author, following which the Kominkan also published a newsletter containing the Article 9 haiku.

The case was decided in favor of the plaintiff, and at the same time it raised important issues concerning adults' right to learn. Hereafter social education theory and principles must be improved in order to have persuasive power in legal logic.

The Problem of Freedom of Expression and The Right to Know: For Freedom of Learning

KOBAYASHI, Shigeru
(MEIJI University)

The intention of this paper is to clarify that the relationship with the right to know in thinking about freedom of expression is extremely important, and that this is an essential issue in order to deepen the recognition of the freedom of learning and the right to learn.

In doing so, I would like to focus on the relationship between freedom of expression and the right to know, and to prove that it is directly linked to problems of safeguarding the right to learn and problems of protecting and developing freedom of learning.

In conclusion, freedom of expression and the right to know are inseparably linked, and when discussing freedom of expression, the right (freedom) to know is the premise.

In general, it is understood that the right to know is not only the right to know, that is, the right of freedom in the sense that people are not prevented by public power from obtaining various kinds of knowledge (information) , but is also a social right in the sense that it is possible to request both the state and local government to release information. The purpose of displaying the right (freedom) to know in this paper is to show the meaning of both.

Furthermore, what is important in the right to know is that it is interrelated with the freedom of expression. In a word, freedom of expression is, at the same time, in a mutual, complementary relation with the right (freedom) to know of the person who receives the expression.

Correlation with Local Knowledge in the Public Policy Formation Process
—Based on the Principle of Local Autonomy of Education—

KAWANO, Saichiro
(Part-time lecturer at Tokyo University of Social Welfare)

The principle of public policy has the solution of various civilian life-related problems as a common base with the objective of clarifying and executing the solutions through specific targets, courses of action and methods acquired through a social scientific approach. In forming a policy, to implement a fair and just administrative operation, it is essential to make transparent the decision-making process of planning-execution-evaluation through information disclosure and accountability.

Japanese education policies have developed as public education based on the principle of local autonomy through the advice of experts participating in councils and formulated by policy-making departments. However, in recent years, the fragility of educational policies which restrict learning activities in public spaces has been pointed out. We will examine the situation of "expert knowledge" in policy formation as well as its correlation with "local knowledge" accumulated by civilians and expert staff who have advocated the effectiveness of the policy through learning and practice.

"Freedom to Learn" and Social Education: In Search of Its Basic Principles

KAWAGISHI, Norikazu
(WASEDA University)

The Constitution of Japan has introduced the concept of constitutional rights and placed at its core the right to the pursuit of happiness on the basis of respect for all the people as individuals. From this, the right to receive an education is ultimately derived. The guarantee of social rights has imposed on contemporary constitutionalism the severe challenge of simultaneously achieving the dual tasks of creating and limiting power. As an attempt to codify a constitution must include even anti-democratic elements from the outset, it is insufficient to cope with the challenge simply by a democratization of power.

Rights regarding education also indicate the anguish of contemporary constitutionalism. Because education is closely connected with activities of the mind, the principle of majority rule may not necessarily be compatible with the nature of education. As long as education has a public nature, it is a matter that is realized through law, and therefore must inevitably be a construct of politics. To avoid the direct intervention of public authorities in the contents of education, it is the role of expert groups that should be emphasized.

The concept of the individual's right to learn presented by the Japanese Supreme Court in the *Asahikawa* Achievement Test Case includes life-long learning. By this conceptualization, thus, social education has made the constitutional foundation more secure. Social education may enjoy a greater degree of freedom because it targets the people who have already had some education. Respect for specialists' autonomy could avoid the direct intervention of public authorities, and thus alleviate the dilemma posed by the danger as well as the necessity of public power in education. In a post-truth situation, it is desirable for more than one professional to participate in the practice of social education and to determine the contents of education by thorough internal deliberation between themselves and the general staff. Extensive interaction among experts, the general staff, and learners should mitigate the paradoxes of modern constitutionalism and could be an effective prescription for the urgent task of preventing the tyranny of the majority as an outcome of the development of democracy.

Issues on Political Neutrality in the Rights to Learn

ARAI, Fumiaki
(Tokyo Metropolitan University)

The subject of this paper is to discuss the notion that there is a problem in the theory of rights to learn by examining issues in the political neutrality of education. The following three points are discussed.

(1) Connection between politics and education

The implications of politically neutral education are not clear. Rather, historically, the result of education has an influence on the way politics should be, and thus there has always been a tension between education and politics. If education is linked to politics, it should be considered that education and politics not be separated.

(2) Issues related to the school management council system

The School Management Council, which was introduced in 2004, was originally institutionalized as a consultative body to reflect the voices of parents and local residents in the management of the school. However, the 2017 revision of the law also introduced "regional school collaboration activities." Therefore, it is asked whether the school management council is a management organization or an organization that provides support from the community.

(3) The issue of who should be responsible for the management of educational institutions

The theory of "freedom of education," which centers on the professional autonomy of educational staff, has limits when mediating conflict over education. The resolution of these conflicts theoretically requires the introduction of the concept of educational politics (that is, the collective decision-making process regarding conflicts in education). If this were case, the notion of political neutrality in education would be different from what it is today.

The Contradictory Structure of the Social Education Act Article 23 and the Political Neutrality of the Kominkan

HOSOYAMA, Toshio
Reseach Institure of Social Education and Lifelong Learning

The ruling by the Saitama District Court concerning the Kominkan's publishing of a haiku written about Article 9 of the Japanese Constitution is regarded by the Komikan staff as subscribing to a "Constitution Allergy". Article

23 of the Social Education Act is seen as the cause of this Constitution Allergy. The Social Education Act was enacted in 1949, which was during a period of political turmoil and just when the GHQ democratization policy was adjusted. Amidst that political situation, the legislation of the Social Education Act aimed to suppress the democracy of the Kominkan. The political indifference of the Kominkan staff is, in effect, the same as relinquishing control over education to the influence of politics: the inability to guarantee the freedom of political education for residents. Protecting the political neutrality of the Kominkan begins with its staff showing solidarity and cooperating with residents as local government workers.

Public Benefit of CLCs used by Ethnic Minorities and their Right to Learn —A Case Study on Several Civic Litigations over Tax Relief for Korean Halls—

TANI, Kazuaki

(Professor Emeritus, Tokyo University of Foreign Studies)

At the beginning of the 21st century, many local governments recognized the public benefit of Korean Halls, the local centers of The General Association of Korean Residents in Japan, and reduced their property taxes. Since 2003, however, the trend to abolish tax relief spread year by year, and all local governments had abolished these by 2015.

In the process, nine civil suits were filed over the validity of the tax relief. The main issue was the similarity of Korean Halls with KOMINKANs, Japanese Community Learning Centers (CLCs) , since that was the main reason for the recognition of their public benefit. The tax relief was a form of public support for Korean CLCs in Japan. Therefore, the tax relief abolition amounted to the abolition of public support for the Right to Learn of foreign minority groups in Japan.

In order to clarify the problems stated above, this paper first describes the background and progress of this case, then analyzes several judicial judgments regarding the social significance of Korean Halls, and finally points out the problem of the concept of "public benefit" which was the criterion for judicial decisions.

"Free Access to Learning" and the Free-of-Charge
Rule in Libraries

ISHIYAMA, Yuki
(Tottori University)
TABIRAKI, Kantaro
(Matsumoto University)
KIKUCHI, Minoru
(Graduate School, Tokyo University of Agriculture and Technology)

In order to guarantee the right to learning, it is necessary to actively position the free-of-charge rule as a means of guaranteeing the right to learning in social education facilities. However, looking at the actual situation, community learning centers collect usage fees and tuition fees, and museums collect admission fees. In this study we therefore examined the positioning of the free-of-charge rule from the accumulation of discussions on the social roles of the library, regarding which the Library Law states that admission to libraries shall be free.

From the discussion of the free-of-charge rule and the social roles of the library, we confirmed that (1) "free access to information materials" by expanding library services is indispensable in order to fulfill the library's essential role of ensuring intellectual freedom, (2) "free access to information materials" is the basis of the library's free-of-charge rule, (3) the guarantee of an infinite supply of information materials by "free access to information materials" corresponds to the "infinity" of learning requests and enables the "free access to learning" necessary for guaranteeing the right to learning in the framework of the Library Law.

In the future, we will discuss the free-of-charge rule in entire educational facilities centering on "free access to learning" while taking into consideration the difference in learning characteristics guaranteed by each educational facility.

The Issues of "Scientific and Cultural Freedom in Museums" for Securing
Research and Artistic Activities: Reviewing the "Temporary Suspension of
the Citizens' Exhibition" from Ito Toshiro's Theoretical Approach to
Museums

KURIYAMA, Kiwamu
(Part-time lecturer at WASEDA University)

Ito Toshiro (1947-1991) , a Japanese museum researcher, took the securing of research and artistic activities to be "Scientific and Cultural Freedom in Museums." The research and artistic activities based on people's freedom of mutual learning are guaranteed as social rights. This logic was pointed out through the Act on Adult and Community Education (Social Education) and the Museum Act, which established Japanese museums. These Acts show that the day-to-day purpose and role of a museum is based on citizen's research and artistic activities.

At the "Aichi Triennale 2019," however, the citizens' exhibition "After 'Freedom of Expression?'" held at the Aichi Prefectural Museum of Art, was temporarily suspended by the governor's decision due to a protest from anonymous citizens who objected to the exhibition contents. At the present time, there is no talk about "Scientific and Cultural Freedom in Museums" in Japan.

It is pointed out in this article that there is a necessity to argue Ito's theoretical approach through the historical perspective of the Museum Act by reviewing his logic regarding the Act on Adult and Community Education (Social Education) and the Museum Act, and by reviewing the case of the trial in the "The Museum of Modern Art, Toyama incident," which questioned "Scientific and Cultural Freedom in Museums" and which affected the citizen's exhibition in the Aichi Prefectural Museum of Art.

Museums and "Freedom of Learning"
—Concerning the Basic Human Rights of the Constitution and the "Freedom of Expression" —

TAKEI, Toshifumi
(Fuchu Art Museum)

For the purpose of fulfilling their social mission, protecting the "freedom of expression" and establishing freedom of activity are fundamental issues for museums. Due to rising expectations for culture, museums have been built in various places and educational activities of museums have become very energetic, but the root of this was in the awakening of residents to their cultural rights. In recent years, "freedom of expression" has not been fully respected and there have been moves toward the oppression of museum management. A museum's "free" discretion without true autonomy or independence transforms the museum into an institution of cultural control by public authorities, and there is no such thing as "freedom of learning" centered on learners in such a place. Considering the relationship between museums and learning activities in the first place, and the role of museums in relation to basic human rights guaranteed by the Constitution of Japan, it is clear that protecting the "freedom of expression" in museums is an indispensable condition for "freedom of learning".

The "Article 9 Haiku Lawsuit" and the Right to Learn

KUBOTA, Kazushi
(Secretary General of the Defense of the "Article 9 Haiku Lawsuit")
ISHIKAWA, Satoshi
(Vice Secretary General of the Defense of the "Article 9 Haiku Lawsuit")

The December 20, 2018 Supreme Court rejection gave the final decision on the "Article 9 Haiku Lawsuit" regarding the Saitama District Court judgment of October 13, 2017, and the Tokyo High Court judgment of May 18, 2018. This paper investigates and examines the "right to learn" cited as the central point at issue in the "Article 9 Haiku Lawsuit".

About the "right to learn", which is generally mentioned in relation to children, this judgment has an important significance in the point which showed the contents to be "a constitutional right." Although the Asahikawa achievement test Supreme Court judgment defines the right to learn as one of the natural rights among human rights as a premise of the regulations of Article 26 of the Constitution of Japan, it is not clear whether the judgment also attempted to realize the coexistence of the facet of social rights which derive from Article 26 of the Constitution. Moreover, in relation to the freedom to announce learning outcomes, the judgment takes the freedom of expression and the scope of protection of the right to learn to be in antimony. The court failed to take the position that study is a multilayered interaction of communication involving a dialog with others and a dialog with the self, and thus needs to be critically examined with regard to its narrow concept of study.

Though it has these points that should be examined, the Tokyo High Court judgment has an important significance in that it pointed out the illegality of Saitama City by directing attention to the character of social education and public citizens' halls (*kominkan*).

The Empowerment of People through Learning Movements: The Case of the Article 9 Haiku Lawsuit

IWAMATSU, Maki
(Part-time lecturer at Meiji University)

In the Article 9 Haiku Lawsuit, lawyers, residents and researchers held meetings and study meetings. They held a meeting to share their achievements with many people, and discussed the theory of social education among related academic societies and organizations. They also made efforts to convey the philosophy of social education to judges through oral arguments, briefs and written opinions, and held press conferences to appeal to the public. In other words, a learning exercise was necessary for litigation.

Informal education involving citizens other than those concerned, which transcended different fields and academic societies, and a movement to ask society about the results of the learning led not only to the victory of the plaintiff in the Article 9 Haiku Lawsuit but also to the empowerment of people associated with social education.

The learning movement concerning the Article 9 Haiku Lawsuit was a self-education movement in which no Kominkan staff were involved. By clarifying what kinds of people and groups were involved and how they studied with each other, it is possible to grasp an overall picture of the movement as a learning movement, not simply a lawsuit movement.

あとがき

　本年報『「学習の自由」と社会教育』は，日本社会教育学会内部に設置された プロジェクト研究「『学習の自由』と社会教育」（2016年10月－2019年9月，以下：PJ）の研究活動をもとに編まれている。最後に，これまでの本PJのあゆみを振り返ってみたい。

　本PJ設置の背景には，さいたま市内の公民館における「公民館だより」をめぐって生じた「九条俳句不掲載問題」がある。本PJは，上述の問題解決を支援すべく組織された「学習の自由と公民館」に関する教育研究団体等連絡会議（構成団体：日本社会教育学会，日本公民館学会，社会教育推進全国協議会，社会教育・生涯学習研究所，以下：四団体連絡会議）や九条俳句不掲載損害賠償等請求事件弁護団，「九条俳句」市民応援団との協働的ネットワークとの関わりで絶えず展開されてきたことに特徴がある。そのため以下では，本PJの経過に加えて，それらの諸団体と協働して実施された市民向け集会の記録も合わせて記載することとしたい。

　本PJは，計6回の六月集会及び研究大会における報告を行い，計24回の定例研究会及びワーキング・グループ会議を実施した。その他に，関連して計3回の研究集会を諸団体と協働して開催した。その詳細は，下記の通りである。（所属は報告時点）

1．六月集会・研究大会

六月集会　2017年6月3日（東京農工大学）
【テーマ】「学習の自由」と九条俳句不掲載訴訟
1．九条俳句不掲載訴訟とプロジェクト研究の課題
　　　　　　　　　　佐藤一子（東京大学名誉教授／埼玉社会教育研究会）

２．九条俳句不掲載訴訟の経過と争点

石川智士

（埼玉中央法律事務所／九条俳句不掲載損害賠償等請求事件弁護団）

３．九条俳句不掲載訴訟と公民館研究の課題

手打明敏（筑波大学名誉教授／日本公民館学会）

司会：朝岡幸彦（東京農工大学）

第64回研究大会　2017年９月15日（埼玉大学）

【テーマ】社会教育の自由と公共性：学習権保障の視点から

１．学習権保証における政治的中立性をめぐる課題

荒井文昭（首都大学東京）

２．社会教育における学習の自由と公共性　姉崎洋一（北海道大学名誉教授）

３．公民館の公共性と学習の自由をめぐる現場の課題

牛越邦夫（池田町「町民と政党のつどい」実行委員会）

金田光正（元富士見市公民館長）

司会：佐藤一子（東京大学名誉教授）・手打明敏（筑波大学名誉教授）

六月集会　2018年６月３日（東洋大学）

【テーマ】九条俳句不掲載訴訟：到達点と課題

１．九条俳句訴訟：到達点と課題

石川智士

（埼玉中央法律事務所／九条俳句不掲載損害賠償等請求事件弁護団）

２．レジリエンスと「学習の自由」

石井山竜平（東北大学）

３．九条俳句不掲載訴訟をめぐる公民館研究の到達点と課題

岩松真紀（明治大学・非常勤）

４．九条俳句不掲載訴訟：到達点と課題

谷岡重則（社会教育推進全国協議会）

５．さいたま地裁の判決を社会教育の現場から考える

細山俊男（社会教育・生涯学習研究所）

２．社会教育施設（公民館・図書館・博物館等）の運営原理と「学習の自由」

佐藤一子（東京大学名誉教授）

３．社会教育職員の規範としての「学習の自由」の保障

田所祐史（京都府立大学）

司会：上田幸夫（日本体育大学）・岩松真紀（明治大学・非常勤）

２．定例会研究会・ワーキンググループ会議

第1回（2016年10月24日）　俳句訴訟の経緯と問われている論点をめぐって

報告者：佐藤一子（東京大学名誉教授）・安藤聡彦（埼玉大学）

第2回（2017年1月12日）

政治教育（学習）の自由と，それを支える民主主義のあり方

報告者：荒井文昭（首都大学東京）

第3回（2017年3月13日）　図書館の自由について

報告者：西河内靖泰（図書館問題研究会）

第4回（2017年4月17日）　六月集会に向けて

報告者：佐藤一子（東京大学名誉教授）・手打明敏（筑波大学名誉教授）

第5回（2017年6月19日）　六月集会のふりかえりと学会大会に向けて

第6回（2017年7月27日）　日本公民館学会七月集会報告

報告者：長澤成次（千葉大学名誉教授）・谷和明（東京外国語大学名誉教授）

第7回（2017年9月25日）　学会大会のふりかえりとまとめ

第8回（2017年11月13日）　地裁判決を受けて

第9回（2017年12月5日）　判決の進展を受けて／今後の研究方針の検討／
六月集会のプログラム案の検討

第10回（2018年2月26日）　現場から見た九条俳句事件

第11回（2018年3月5日）　六月集会の内容について

第12回（2018年4月16日）　最近の社会教育をめぐる情勢について

報告者：長澤成次（千葉大学名誉教授）

第13回（2018年5月21日）

九条俳句訴訟・東京高裁判決をめぐる意見交換と今後の研究会の方針検討
第14回（2018年6月18日）　学会年報の編集内容の骨子提案

報告者：荒井文昭（首都大学東京）
第15回（2018年7月12日）

四団体連絡会議「高裁判決をめぐる見解」の叩き台の提案と全体討議
／年報構成案の提案　報告者：朝岡幸彦（東京農工大学）
第16回（2018年9月19日）

四団体連絡会議の「高裁判決をめぐる見解」について
／年報構成案の検討
第17回（2018年11月19日）　　四団体連絡会議シンポジウムについて
／来年度の年次大会にむけた研究とりまとめについて
第18回（2018年12月17日）

公民館の自由と自治：公民館紛争判例研究を通して考える
報告者：谷和明（東京外国語大学名誉教授）
第19回（2019年1月22日）

つくば市における社会教育・生涯学習行政の展開について
報告者：上田孝典（筑波大学）
第20回（2019年2月25日）

3.30集会について／六月集会及び研究大会に向けて
第21回（2019年4月12日）

3.30集会のふりかえり／六月集会及び研究大会に向けて
第22回（2019年5月20日）　研究大会の内容について
第23回（2019年7月5日）　研究大会の内容について
第24回（2019年9月30日）

これまでのプロジェクト研究の総括／年報の編集について

３．四団体連絡会議主催・共催研究会

緊急シンポジウム「社会教育・コミュニティ施設を市民の手に取り戻すために：何が問題か，いま何をすべきか」

【日程】2016年1月31日（大宮南公民館・会議室）
【主催】埼玉社会教育研究会
【共催】「学習の自由と公民館」に関する教育研究団体連絡会議
【報告】
　1．九条俳句訴訟の現状と課題：社会教育を市民の手に
　　　　　　　　　　　　　　久保田和志（埼玉中央法律事務所）
　2．市民活動センター問題の経緯と今後
　　　　　　　　　　　　生越康治（さいたまNPOセンター事務局長）
　3．社会教育・コミュニティ施設の管理強化問題をどう見るか：九条俳句訴
　　　訟との関連で　　　　姉崎洋一（北海道大学特任教授・名誉教授）
【コメンテーター】猪瀬浩平（明治学院大学／見沼田んぼ福祉農園事務局長）
【まとめ】佐藤一子（埼玉社会教育研究会）

九条俳句問題公開シンポジウム「学習・表現の自由と社会教育」
【日程】2017年3月19日（さいたま市民会館おおみや・小ホール）
【主催】埼玉社会教育研究会
【共催】「学習の自由と公民館」に関する教育研究団体等連絡会議
【協力】「九条俳句」市民応援団

第1部　パネル・ディスカッション「専門家意見書」の内容と論点
【パネリスト】
　1．市民の学習権と社会教育　　　　　堀尾輝久（東京大学名誉教授）
　2．学習権保障と公民館　　　　　　　姉崎洋一（北海道大学名誉教授）
　3．九条俳句不掲載と表現の自由　　右崎正博（獨協大学法科大学院教授）
　4．公民館だよりと地域住民の学習権保障　　長澤成次（千葉大学名誉教授）
【コーディネーター】
野村武司（獨協大学法科大学院法務研究科教授／獨協大学地域と子どもリー
ガルサービスセンター）・石川智士（埼玉中央法律事務所／九条俳句不掲載
損害賠償等請求事件弁護団）

第2部「学習・表現の自由と社会教育」をめぐって各地からの報告と討論
【報告】
１．あきる野市中央公民館ちらし配架問題
　　　　　　　　　　　矢澤正道（公民館利用者ネットワーク共同代表）
２．府中市美術館の展示をめぐる規制と「表現の自由」
　　　　　　　　武居利史（府中市美術館学芸員・教育普及担当主査）
３．長野県池田町公民館使用許可取り消し問題
　　　　　　　牛越邦夫（池田町「町民と政党のつどい」実行委員会代表）
【コメンテーター】谷和明（東京外国語大学名誉教授）
司会：手打明敏（筑波大学名誉教授）

「学習の自由と公民館」シンポジウム「九条俳句訴訟勝訴の意義とこれからの課題」
【日程】2019年３月30日（さいたま市民会館おおみや・小ホール）
【主催】「学習の自由と公民館」に関する教育研究団体等連絡会議
【後援】「九条俳句」市民応援団
【総合司会】岩松真紀（社会教育推進全国協議会事務局長）

第1部　ゲストと語る「学習の自由を守る社会教育のあり方：教育行政の役割を問う」
【ゲスト】門脇厚司（つくば市教育長）・上原公子（元国立市長）
【コメンテーター】荒井文昭（首都大学東京）
司会：安藤聡彦（埼玉大学）

第2部　メモリアル「九条俳句勝訴への歩みを振り返る」
ビデオ上映／九条俳句訴訟原告挨拶
【挨拶】武内暁（「九条俳句」市民応援団代表）

第3部　シンポジウム「九条俳句訴訟勝訴の意義とこれからの課題」
【基調報告】久保田和志・石川智士（九条俳句不掲載損害賠償等請求事件弁

護団）

【関連学会・社会教育施設の現場からのコメント】

1. 長澤成次（千葉大学名誉教授／日本社会教育学会会長）
2. 西河内靖泰（下関市中央図書館館長／日本図書館協会図書館の自由委員
会委員長）
3. 武居利史（府中市美術館学芸員）
4. 冨塚一資（富士見市鶴瀬公民館長）

【指定討論者】石川智士（九条俳句不掲載損害賠償等請求事件弁護団）・谷岡
重則（社会教育推進全国協議会）

【コメンテーター】細山俊男（社会教育・生涯学習研究所所長）

司会：佐藤一子（東京大学名誉教授）

　本 PJ は以上の活動に取り組んできたが，これらの経過は九条俳句訴訟の
展開とともにあったと言ってよい。2016年10月に設置された本 PJ は，2015
年6月25日に俳句作者がさいたま市を提訴した九条俳句訴訟の経緯と論点の
把握及び本 PJ の研究課題の整理を基本的な課題として出発した。また，そ
れらの学会内部でのさらなる共有化を図るべく六月集会で議論の場を設け
た。そして，第64回研究大会では，それまでの PJ で重要な論点として浮上
しつつあった「社会教育の自由と公共性」を学習権の視点から問うための議
論の場を設けた。

　PJ 二年目は，2017年10月13日のさいたま地裁判決（俳句不掲載は違法，
さいたま市に5万円の損害賠償請求）とともに始まった。まずは，それを受
けて，判決内容における論点の把握及び本 PJ の研究課題の再整理に取り組
んだ。続いて，2018年5月18日には，東京高裁判決（俳句不掲載は違法，さ
いたま市に5000円の損害賠償請求）が確定したことから，六月集会では当初
予定していた地裁判決の振り返りに加えて，高裁判決についても急遽議論し
た。また高裁判決を受けて，さいたま市に司法判断を遵守してすみやかに違
法性の解消を求めるべく提出した「九条俳句訴訟東京高裁判決についての見
解」（四団体連絡会議）のとりまとめ（2018年10月）に本 PJ も尽力した。
なお，第65回研究大会では，開催地沖縄の事例を交えながら「公民館の自由

と自治」を議論することを予定していたが，台風のために敢えなく開催中止となった。

　最終年の三年目は，2018年12月20日に最高裁決定（高裁判決を支持，原告被告双方の上告を棄却）で俳句作者の勝訴が確定したことから，諸団体と協働して「『学習の自由と公民館』シンポジウム：九条俳句勝訴の意義とこれからの課題」（2019年3月30日）という研究集会を開催した。また六月集会では「九条俳句訴訟判決の到達点と課題」について議論し，本PJでは最後となる第66回研究大会ではPJのテーマ「『学習の自由』と社会教育」に改めて立ち戻ってその「総括的検討」を行った。

　以上のPJの研究成果を土台として，さらに発展させたものが本年報である。本年報は，次のような4部構成を当初は予定していた。すなわち，第Ⅰ部「『学習の自由』と社会教育：その原理的探究」，第Ⅱ部「社会教育施設と『学習の自由』」，第Ⅲ部「九条俳句訴訟と学習権」，第Ⅳ部「『学習の自由』と社会教育をめぐる多様なアプローチ」である。特に第Ⅳ部は，「『学習の自由』と社会教育」をめぐる多様なアプローチ（思想研究や比較研究，メディア研究，市民教育，ネット社会等）にもとづいた論稿が会員諸氏から寄せられることを期待して設けていた。しかし，第Ⅳ部に位置づく論稿の寄稿は必ずしも多くはなく，結果的に第Ⅳ部は第Ⅱ部に統合して構成全体を縮小することとなった。

　とはいえ，本年報を一望すると，今日に至るまで全国各地の公民館や博物館，図書館等の社会教育施設において様々な「統制的支配」や「干渉」が生じてきたことは明らかである。「あいちトリエンナーレ2019」をめぐる事件も，こうした一連の出来事の延長線上に位置づくものであるだろう。したがって，本年報のテーマである「『学習の自由』と社会教育」は，社会教育研究にとって古典的命題であるとともに，きわめて現代的な課題を提起していると言える。本年報の刊行を契機に，「『学習の自由』と社会教育」研究がさらに推進されることを期待したい。

2020年6月

川尻剛士・土屋里穂

執筆者一覧 （執筆順）

長澤　成次
　　　　（放送大学千葉学習センター）
佐藤　一子（東京大学名誉教授）
姉崎　洋一（札幌女子短期大学）
小林　繁（明治大学）
川野佐一郎（東京福祉大学（非））
川岸　令和（早稲田大学）
荒井　文昭（東京都立大学）
細山　俊男
　　　　（社会教育・生涯学習研究所）
谷　和明
　　　　（東京外国語大学名誉教授）

石山　雄貴（鳥取大学）
田開寛太郎（松本大学）
菊池　稔（東京農工大学大学院）
栗山　究（早稲田大学（非））
武居　利史（東京都府中市美術館）
久保田和志（埼玉中央法律事務所）
石川　智士（埼玉中央法律事務所）
岩松　真紀（明治大学（非））
川尻　剛士（一橋大学大学院）
土屋　里穂（東京学芸大学大学院）

―― 日本社会教育学会年報編集規程 （抄） ――

1. 日本社会教育学会年報（日本の社会教育）は日本社会教育学会の研究成果を集約する目的を持って，毎年1回刊行される。
2. 年報のテーマは総会で決定される。
3. 年報編集委員会は理事会のもとにおかれる。編集委員は常任理事会で決定され，その任期は当該年報の刊行をもって終了する。
4. 応募原稿の採否は，編集委員会で決定した査読者による審査を経て編集委員会が決定し，常任理事会に報告する。
5. 掲載原稿の著作権は原則として本学会に帰属する。掲載論文の複製・翻訳等の形で転載を希望する場合には，本学会の了承を得なければならない。
6. 投稿原稿に使用する言語は原則的に日本語とする。ただし本学会・編集委員会で特に他の言語の使用を認める場合には，この限りではない。
7. 本学会『社会教育学研究』，他の学会誌，その他研究紀要等への投稿と著しく重複する内容の原稿を，本誌に投稿することを認めない。ただし学会等における口頭発表およびその配付資料はこの限りではない。

〈日本の社会教育第64集〉

「学習の自由」と社会教育

2020（令和2）年9月30日　初版第1刷発行

［検印廃止］

編　集　日本社会教育学会年報編集委員会
　　　　委員長　長澤成次
　　　　〒183-8509　東京都府中市幸町3-5-8
　　　　　　　　　東京農工大学 農学部
　　　　　　　　　環境教育学研究室 気付
発行者　錦織圭之介
発行所　㈱東洋館出版社
　　　　〒113-0021　東京都文京区本駒込5-16-7
　　　　営業部 ☎03-3823-9206　fax. 03-3823-9208
　　　　編集部 ☎03-3823-9207　fax. 03-3823-9209
　　　　http://www.toyokan.co.jp　振替　00180-7-96823

印刷・製本　藤原印刷株式会社

©2020　The Japan Society for the Study of Adult and
　　　　Community Education
ISBN978-4-491-04299-2　　Printed in Japan